LA

LOI DES SUSPECTS

LETTRES ADRESSÉES

A M. WALDECK-ROUSSEAU

PRÉSIDENT DU CONSEIL DES MINISTRES

PAR

LE COMTE ALBERT DE MUN

DE L'ACADÉMIE FRANÇAISE

DÉPUTÉ DU FINISTÈRE

PARIS

LIBRAIRIE PLON

PLON-NOURRIT ET Cie, IMPRIMEURS-ÉDITEURS

10, RUE GARANCIÈRE, 10

1900

A LA MÊME LIBRAIRIE :

PARIS. — TYP. PLON-NOURRIT ET Cie, RUE GARANCIÈRE. — 894.

LA

LOI DES SUSPECTS

Ce volume a été déposé au ministère de l'Intérieur (section de la librairie) en mars 1900.

PARIS. TYP. PLON-NOURRIT ET Cie, 8, RUE GARANCIÈRE. — 894.

LA

LOI DES SUSPECTS

LETTRES ADRESSÉES

À M. WALDECK-ROUSSEAU

PRÉSIDENT DU CONSEIL DES MINISTRES

PAR

LE COMTE ALBERT DE MUN

DE L'ACADÉMIE FRANÇAISE
DÉPUTÉ DU FINISTÈRE

PARIS
LIBRAIRIE PLON
PLON-NOURRIT ET Cie, IMPRIMEURS-ÉDITEURS
10, RUE GARANCIÈRE, 10

1900

LA

LOI DES SUSPECTS

LETTRES ADRESSÉES

A M. WALDECK-ROUSSEAU

PRÉSIDENT DU CONSEIL DES MINISTRES

PREMIÈRE LETTRE

Paris, le 10 décembre 1899.

MONSIEUR LE PRÉSIDENT DU CONSEIL,

Momentanément éloigné de la Chambre par la maladie, je n'ai pu lire qu'un peu tardivement le discours par lequel vous avez, le 16 novembre, répondu aux interpellations adressées au gouvernement sur sa politique générale. Je l'ai étudié avec la plus scrupuleuse attention, et je vous demande la permission d'y faire ici une première réponse, qui sera comme la préface des discussions plus étendues, dont votre discours ouvre à la Chambre et au pays la prochaine perspective.

Le retard, que les circonstances lui auront imposé, ne lui enlèvera pas, ce me semble, toute actualité. Car, depuis le 16 novembre, rien n'est venu, dans les débats auxquels vous avez eu l'occasion de prendre part, indiquer une modification ou conseiller une interprétation nouvelle de votre attitude.

Sans doute, vous avez permis à M. le ministre des affaires étrangères, représentant devant le monde de la « grande puissance catholique », suivant sa propre et très heureuse expression, de réclamer, comme ses prédécesseurs, le maintien de notre ambassadeur près du Vatican et des subventions pour nos établissements d'Orient : mais la contradiction n'en est apparue que plus flagrante, — M. Denys Cochin vous l'a dit avec infiniment d'à-propos, — entre les deux politiques que vous prétendez appliquer aux intérêts religieux, protectrice au dehors, persécutrice à l'intérieur.

On annonce aussi que vous vous opposerez à la suppression du budget des cultes ou, du moins, de ses pauvres restes, en refusant d'en faire disparaître, d'un seul coup, les traitements de trente évêques et de sept mille vicaires.

Je le crois bien! vous êtes de trop vieille école politique pour vous jeter dans une entreprise aussi périlleuse que la brusque rupture du Concordat. C'est, d'ailleurs, une bonne arme pour qui sait s'en servir. M. le Directeur des cultes vous l'a certainement dit; et les « lois concordataires » n'ont pas été, que je sache, pour gêner beaucoup, jusqu'ici, les ennemis de la liberté religieuse.

Votre discours du 16 novembre subsiste donc tout entier, avec ses conclusions, et c'est bien là qu'il faut encore chercher le véritable programme du gouvernement.

Catholique avant tout, je ne suis pas, vous ne pouvez l'ignorer, un homme d'opposition systématique : j'en ai donné d'irrécusables preuves, et je n'ai pas, de la politique, une conception aussi simple que celle de l'honorable M. Charles Bos, qui disait l'autre jour à la Chambre : « Il suffit que les membres du centre droit et de l'opposition de droite exigent quelque chose pour que le parti républicain s'empresse de le leur refuser. » Non, je crois encore qu'il est plus conforme au bien du pays de tout écouter et d'accepter tout ce qui est juste, quelle que soit la main qui le présente.

C'est dans cet esprit que j'ai suivi votre politique et lu vos déclarations; mais il me faut bien constater, une fois de plus, qu'après tant d'autres, vous aurez, vous-même, par une provocation directe, fait des adversaires de tous ceux dont le premier souci est la défense des libertés catholiques.

Car c'est bien là, vous n'en disconviendrez pas, qu'est le véritable terrain où, par une résolution froidement, mûrement réfléchie, vous avez voulu ramener, en les armant pour des luttes nouvelles, les combattants que vous y aviez mis en présence il y a vingt ans, et qui, de part et d'autre, s'acheminaient vers une pacification ardemment souhaitée par le pays.

Cette pacification, vous paraissez déterminé à tout faire pour la rendre impossible. Soit! ce sera votre très lourde responsabilité. Pour nous, coutumiers du métier, nous reprendrons le harnais de bataille, attristés plus que surpris, et nous tâcherons, en appelant les jeunes à la rescousse, de faire encore assez bonne figure dans le champ clos où vous nous provoquez.

Aussi bien, quand je parle du vieux harnais, n'est-ce point tout à fait une métaphore! Si fort occupé que vous soyez d'être un gouvernement de progrès, vous ne faites qu'endosser la défroque usée des ministres d'autrefois et remettre en batterie, sans même prendre la peine de la rajeunir, toute la vieille artillerie de l'anticléricalisme d'antan! Oh! j'ai tout reconnu au passage : les grands mots et les épithètes résonnantes, les confuses équivoques et les distinctions subtiles, la contre-révolution et ses « milices menaçantes », le cléricalisme qui est l'ennemi et le catholicisme qu'on vénère, le clergé séculier qu'on respecte et « certaines associations » qu'on ne confond pas avec lui! J'ai tout reconnu, et aussi le candide empressement avec lequel, pareils à leurs anciens, les nouveaux coryphées du parti socialiste mordent à l'hameçon, cent fois tendu sous l'amorce anticléricale, par où les ministres avisés les tiennent en suspens, consolés, grâce à ce repas de digestion plus facile, du grand festin des réformes sociales, toujours promis au peuple et toujours différé.

I

Je n'ai garde, vous le voyez, Monsieur le Ministre, de donner dans le travers que vous signaliez à la Chambre, avec quelque indignation, m'a-t-il paru, quand, répondant à ceux qui opposaient à vos discours d'autrefois ceux de M. Millerand à Lille et à Limoges, vous vous plaigniez qu'on voulût « prêter au ministère une signification qu'il n'a pas, pour faire oublier au pays la signification qu'il a. » Ces deux significations de votre gouvernement ne sont pas, je l'avoue, sans causer d'abord au lecteur quelque trouble, insuffisamment dissipé par les vifs applaudissements à gauche et à l'extrême-gauche qu'enregistre l'*Officiel*, et le membre du Centre qui s'est aussitôt écrié : « Voilà qui est clair ! » m'a semblé, il faut tout dire, d'une extrême perspicacité. Mais, à la réflexion, j'ai compris qu'il avait raison. Au fait, cela est vrai : c'est très clair. Qui donc pouvait s'imaginer que l'active collaboration de M. Millerand, le chaleureux patronage de M. Viviani et l'impétueux concours de M. Zévaës allaient infailliblement jeter le gouvernement dans le socialisme le plus redoutable? D'abord, vous aviez pris la peine, dès vos premiers mots, de calmer ces inquiétudes par une déclaration, d'une aimable désinvolture, en annonçant que, lorsque vous n'auriez plus besoin des socialistes, mon Dieu ! la situation serait bien simple ! chacun reprendrait son programme et retournerait dans son camp, l'un à Saint-Mandé et l'autre à Roubaix. Et si cette promesse a pu paraître à quelques esprits scrupuleux un peu hasardée, au point de vue de la solidarité ministérielle, elle a sans doute suffisamment rassuré les consciences, puisque vous avez eu cent voix et plus de majorité, ce qui est, après tout, la grande affaire pour un ministre interpellé. Et puis, en somme, je comprends votre surprise devant une alarme si chaude, à vous, qui êtes un vieux routier de la politique : il faut, j'en conviens, que vous ayez affaire à des hommes encore bien mal au courant des choses. On vous calomnie, vous et vos collègues, on calomnie vos protecteurs, cela est de toute évidence : je ne pense pas que vous ayez une si grande peine à modérer leurs ardeurs réformatrices. Des discours, oui, des manifestations, il le faut bien ! mais des réformes, c'est une autre affaire.

Car, enfin, l'application de la loi de 1892 sur le travail des femmes et des enfants, l'amélioration de celle de 1884 sur les syndicats professionnels, l'inspection du travail, l'institution du risque professionnel en matière d'accidents, et même, *horresco referens!* l'introduction dans les cahiers des charges, dressés pour l'adjudication des travaux publics, de certaines clauses protectrices de la main-d'œuvre, bien entre nous, ce sont là des réformes banales, à force d'avoir été discutées, pratiquées depuis très longtemps dans d'autres pays, revendiquées dans le nôtre par beaucoup d'adversaires déclarés du socialisme, — j'en sais quelque chose; — et acceptées par presque tout le monde : et j'ai vraiment admiré la charité de M. l'abbé Lemire, lorsqu'il a tenu à féliciter hautement de ses actes M. le Ministre du commerce, à l'occasion du budget de son département.

C'est pourtant à cela que se bornent jusqu'ici les fureurs sociales de vos nouveaux amis, moyennant quoi ils peuvent engourdir les impatiences de leur parti et reculer dans les champs lointains de l'hypothèse « féconde », comme parle M. Millerand, l'avènement promis du collectivisme, moyennant quoi ils peuvent aussi vous aider à terminer une grève redoutable, en faisant acclamer, comme une victoire, par les ouvriers, l'arbitrage où, cependant, vous leur donniez tort sur le point principal de leurs revendications, et même à faire rétrograder, en leur barrant la route avec des régiments, à l'instar des ministres réactionnaires, les bataillons de grévistes en marche sur Paris. Ce sont là d'inappréciables services.

Nous avons, vous et moi, n'est-il pas vrai, déjà connu ces socialistes de gouvernement. Ils s'appelaient, en ce temps-là, les radicaux, et ils tiennent, dans votre ministère, l'emploi que tenaient les radicaux d'autrefois dans les concentrations d'alors. Ils apportent les voix de l'extrême gauche, et, du reste, ils n'exigeront pas plus l'impôt global et progressif sur le revenu, la nationalisation des mines, des chemins de fer et de la Banque, que la séparation de l'Église et de l'État, la suppression du budget des cultes et celle de l'ambassadeur près du Vatican. C'est M. Alexandre Zévaës qui demandera cela : il est jeune et il a des illusions! Vous ferez semblant de ne pas entendre, M. Millerand s'abstiendra, et ses amis voteront pour vous tout de même. Décidément, j'avais tort; c'est, en effet, très clair, et vous avez raison, votre ministère n'a point une signification si terrible : je suis là-dessus beaucoup plus rassuré maintenant, je l'avoue, qu'un bon nombre de mes collègues.

Alors, quelle est l'autre, la vraie, celle que vous ne voulez pas qu'on fasse oublier au pays?

De méchantes langues ont soutenu que c'était l'acquittement de Dreyfus! Et il paraît bien qu'il y a quatre mois, vos pensées n'allaient point au delà de ce procès de Rennes, dont vous attendiez, sans doute, un autre dénouement, quand, pour éviter sur ce point et sur les autres des débats importuns, vous vous hâtiez, à peine installé au pouvoir, de congédier les Chambres, ayant, par mégarde ou pour en finir plus vite, écarté les questions dont vous pressait un républicain inquiet, en laissant échapper cet imprudent aveu que la République n'était pas en danger! On ne s'avise pas de tout, si rompu qu'on soit dans l'art de la politique; et vous ne supposiez peut-être pas alors que des juges se rencontreraient assez indépendants et fiers pour obéir à leur conscience plutôt qu'à vos désirs. Peut-être aussi n'attendiez-vous pas que ce tragique prétoire où s'entassait pêle-mêle, avec les insulteurs quotidiens des chefs de notre armée, l'auditoire cosmopolite, avide de leur humiliation, deviendrait pour ces généraux, pour ces officiers, voués d'avance à des outrages sans nom, un piédestal imprévu d'où leur droiture, leur intelligence et leur fermeté éclateraient à tous les yeux.

Vous avez eu cette surprise, et, en ministre avisé, dès que vous avez pu la pressentir, sentant ébranlé le fragile appui des treize voix que vous avait valu, au mois de juin, l'acquittement espéré, vous avez compris qu'il fallait à votre gouvernement une signification nouvelle. Il y a, au théâtre, des procédés classiques qui ne manquent presque jamais leur effet, si connus qu'ils puissent être du public. C'est, je crois, ce qu'on appelle des trucs. Il y en a aussi en politique. La défense de la République en est un : depuis vingt ans, il sert à rallier les majorités troublées, presque aussi sûrement que le geste rituel, suprême ressource des heures de détresse, dont vous pûtes, il y a six mois, admirer, dit-on, la puissance. La République, en sécurité le 1er juillet, se trouva donc en danger vers le milieu d'août, le procès de Rennes s'acheminant vers la condamnation, et, pour que nul n'en pût douter, il arriva soudain qu'un triple complot, annoncé, l'année d'avant, par les conjurés eux-mêmes, dans le silence et le mystère de la place publique, ignoré cependant, fut, par une coïncidence heureuse, découvert juste au moment où vous cherchiez les moyens de sauver la République. Le hasard sert ainsi les audacieux et les habiles.

Arrestations en masse, détentions arbitraires, soixante-sept citoyens, députés, bouchers, gentilshommes, porteurs de viandes, raflés en une matinée, quarante-cinq relâchés après six semaines de prison, sans un mot d'explication, les autres mis au secret pendant soixante-douze jours, perquisitions illégales à Paris, en province, dans les villes, dans les châteaux, où, comme dit la chanson,

> On prit, ah ! mes enfants !
> Tout c'qui prouv' l'existence d'un complot !

enfin, ce qu'un monarque soupçonneux et absolu aurait pu ordonner de plus imprévu pour surprendre ses ennemis, vous l'avez fait, non, j'en suis sûr, sans quelque honte d'en être réduit là, mais, hélas ! obligé d'y venir, puisque, enfin, la République était en danger, et votre ministère [illegible] i. *Suprema lex !*

Ce complot, cependant, si sérieux qu'il pût être, ne vous a pas paru, contre les hasards parlementaires, une suffisante garantie, et, quelque soin que vous ayez pris, dans votre discours, d'en retracer les terreurs, on sent bien, à vous lire, que ce n'est encore qu'un accessoire. La défense de la République comporte une plus vaste mise en scène. Et, en effet, je m'explique très bien que vous ne vous trouviez pas, sur ce terrain, en parfaite tranquillité.

Un complot, un attentat, cela est grave assurément ! Mais encore faut-il, pour condamner des conspirateurs, les traduire devant une justice quelconque, je ne dis pas, cela va de soi, devant des juges capables d'acquitter, mais enfin, devant des juges qui devront, si résolus qu'ils soient à remplir en conscience leur tâche de juges politiques, se donner des airs de tribunal : et c'est un procès ! et, avec un procès, on ne sait jamais ce qui arrive !

Si l'accusation allait s'évanouir en fumée, au grand jour des interrogatoires ! Si les irrégularités, si l'arbitraire de la procédure, allaient éclater trop bruyamment ? Si la parole des accusés allait, au dehors, éveiller des échos trop vibrants ! vous vous êtes dit que, n'ayant pour la défense de la République d'autre argument que celui-là, vous seriez, s'il venait à vous manquer, en mauvaise posture : et l'événement, de fait, a justifié vos inquiétudes, puisque, dès la première rencontre avec les juges, l'attentat s'est dérobé à leur empressement, ne laissant entre leurs mains qu'un complot, pour le moins mal établi, sur lequel ils ont, ce semble, malgré tous les efforts et l'exclusion des accusés et celle des témoins, assez de peine à faire la lumière.

Sans doute aussi vous avez réfléchi que, si quelque lien plus puissant et plus durable n'enchaînait les députés à votre fortune, il pourrait se faire, entre eux, des ruptures imprévues, lorsqu'ils verraient l'armée de la France, cette armée qui apparaissait, il y a trois ans, dans les plaines de Châlons, aux yeux de l'Europe surprise, si grande, si forte, si confiante en ses chefs, aujourd'hui décapitée, insultée, livrée à tous les caprices de l'arbitraire, à toutes les intrigues de la politique !

Décidément, il fallait, pour vous faire une majorité respectable, trouver autre chose. Le complot, le procès de la Haute Cour, les exécutions de généraux, cela peut bien aller jusqu'à la « trêve des confiseurs », aider à doubler le cap des tempêtes budgétaires ! Mais après, après ? le moyen de durer ! de durer au moins jusqu'à l'Exposition ! Non pas que je veuille insinuer que personne, parmi MM. les Ministres, attache quelque prix à la vaine gloire des représentations et des fêtes officielles, mais parce que c'est vraiment un devoir, quand on se dévoue à la défense de la République, de se dévouer le plus longtemps possible.

Et, alors, évidemment, la conclusion s'imposait. Il fallait revenir au vieux jeu de la concentration anticléricale, si populaire au beau temps de notre jeunesse politique, et si malheureusement abandonné par une génération imprévoyante ! Il fallait en retrouver bien vite les règles trop oubliées, en rapprendre la langue spéciale, indispensable à la réussite, et tirer du dépôt des archives le spectre noir, avec tout son stock d'accoutrements variés, propres à frapper M. Homais d'une terreur salutaire.

On pouvait bien craindre, il est vrai, que la tactique ne fût un peu discréditée et qu'on ne rencontrât dans l'esprit public, fâcheusement impressionné, en ces derniers temps, par la prépondérance des Juifs, la domination des protestants et la tyrannie des francs-maçons, quelque répugnance à croire que le grand danger, pour la nation française, lui vient des curés, des religieux et des bonnes Sœurs. Mais, après tout, ce n'est pas l'esprit public dont vous avez à vous préoccuper : pour celui-là, il y aura toujours quelques conseillers de Corbeil ou autres lieux prêts à faire l'office de figurants, et à vous permettre de dire que vous avez « rencontré l'appui moral du pays ». C'est aux députés que vous avez affaire, et, pour eux, l'Acacia d'Hiram, la Rose du Parfait Silence et la Clémente Amitié ont répondu d'avance! Pourvu que vous acceptiez le programme arrêté dans le Grand Convent, vous êtes assuré d'être soutenu.

Ainsi se formulait peu à peu dans votre esprit la dernière et définitive signification de votre ministère.

Les socialistes devenaient impatients : M. Viviani, dans les articles et les écrits où il épanchait, en attendant la tribune, sa verte et pressante éloquence, vous rappelait, avec des termes impérieux, que les alliés appelés sur le champ de bataille y campaient en armes et ne le quitteraient plus : le *Siècle* et l'*Aurore* vous sommaient chaque jour de rester jusqu'au bout fidèle au pacte conclu, en apportant à « l'Affaire », par la proscription des religieux, son couronnement, annoncé depuis deux ans; M. Jonnart lui-même, donnant, au lendemain de la bataille de Rennes, l'accolade à M. Cornély vaincu, devinait déjà, par une étrange association d'idées, l'obligation où la Chambre et vous-même alliez être, pour venger Dreyfus, de renouveler l'impérissable flétrissure de Pascal, en poursuivant dans les collèges libres la doctrine des maîtres et la conscience des parents.

L'honorable député se désolait de cette inéluctable nécessité, il annonçait même sa résolution de défendre, malgré tout, la liberté condamnée d'avance! Il le fera, sans nul doute; en attendant, il a voté pour vous, le 16 novembre, à l'heure même où vous veniez de déposer le projet de loi destructif de la liberté d'enseignement! C'est à cause de Pascal.

***

Ainsi votre politique était toute tracée par ceux même qui allaient avoir à la juger, et, le moment n'étant pas venu de l'engager vous-même devant la Chambre, vous avez laissé à vos auxiliaires les plus actifs, le plaisir et la gloire de l'engager devant le pays, en envoyant M. Millerand à Limoges, où, parmi les cris enthousiastes de « Vive la sociale », il s'est indigné de voir les cléricaux se servir, pour leurs œuvres électorales et pour leurs œuvres de presse, de « l'Ave Maria » et de « l'emblème de la religion ». On ne connaissait pas jusqu'ici à M. Millerand un si grand souci de la sainte Vierge et du Crucifix ! Mais c'est la beauté du système d'attaquer l'Église et les catholiques, au nom même du respect de la religion, et vous exprimiez cette pensée, qui pour n'être pas nouvelle, n'en est pas moins le fin du fin de la politique, en vous étonnant que quelques orateurs eussent confondu le catholicisme avec le cléricalisme.

Que ces choses-là nous rajeunissent, Monsieur le Président du Conseil ! Vous souvenez-vous de la réponse que fit, là-dessus, au Sénat, M. Buffet à M. Jules Ferry, en 1879. Je ne pourrais la citer ici, sans allonger cette lettre à l'excès. Ce sera pour quelqu'une de nos futures discussions. En attendant, j'ose vous prier de la relire ; elle vous convaincra, peut-être, que vous n'avez aucune chance, malgré la subtilité de votre esprit, de trouver au distinguo classique une justification meilleure que vos devanciers.

Mon honorable ami, M. Aynard, dont les sentiments chrétiens sont aussi connus et respectés que le libéralisme, s'y est essayé, l'autre jour, à la Chambre, dans une interruption adressée à M. Marcel Sembat. Je crains qu'il n'y ait pas encore réussi et qu'il ne s'en aperçoive bientôt, lorsqu'il se verra lui-même traité de clérical pour sa courageuse défense de la liberté d'enseignement.

On aura beau argumenter : quand M. Baudin, allant à son tour porter la bonne parole aux populations, a dit à Ivry : « Nous avons rencontré un ennemi que vous connaissez bien, le parti clérical ; nous lui avons déclaré la guerre » ; quand il a répété, à Troyes, qu'il faut « combattre sans merci » les adversaires qui « appartiennent surtout au parti clérical », tout le monde a compris que c'était au clergé, aux religieux, aux fidèles vraiment dévoués à leur foi, que s'adressaient cette déclaration de guerre et cette menace de combat sans merci.

Mgr l'évêque de Belley l'a écrit à M. le ministre des travaux publics dans une lettre pleine de mesure et de digne fermeté, et soyez assuré qu'il a exprimé le sentiment universel des catholiques en disant : « On a prétendu distinguer entre le cléricalisme et la religion ; mais le public ne s'est point mépris sur le sens de cette distinction opportuniste... ; nous n'en sommes point dupes. »

Non, Monsieur le Président du Conseil, nous ne sommes pas dupes, et comment le serions-nous, quand, à côté des harangues ministérielles où l'on observe encore, dans les mots, les distinctions prescrites par le vocabulaire politique, nous lisons, dans les comptes rendus des assemblées maçonniques qui élaborent textuellement les propositions de loi déposées au Parlement, les discours où le catholicisme est directement, formellement attaqué, et dans les journaux qui soutiennent votre ministère, les outrages quotidiennement adressés à la religion, à ses dogmes, à son culte et à ses prêtres ? Comment le pourrions-nous quand, hier encore, les bandes qui, derrière le drapeau rouge, manifestaient, avec votre autorisation, sur le passage du chef de l'État, chantaient à tue-tête :

Que désire un républicain?
Vivre et mourir sans calotin,
Le Christ à la voirie,
La Vierge à l'écurie,
Et le Saint-Père au diable...
. . . .
Dansons la carmagnole,
Vive le son du canon.

On n'a pas appris que M. Millerand, si empressé de défendre l'*Ave Maria* et le Crucifix contre les Pères de l'Assomption, se soit ému de ces odieuses provocations.

Voilà l'anticléricalisme de la foule! Le vôtre ne tombe pas dans ces excès; c'est un anticléricalisme d'homme d'État, qui sait à la fois réprouver les menaces de la rue et celles de la sacristie! Et il est entendu que vous seriez au désespoir de voir les chanteurs de la *Carmagnole* mettre leur refrain en action. En tout cas, si pareille catastrophe arrivait, vous vous en laveriez les mains, et les catholiques ne pourraient accuser qu'eux-mêmes de leur destinée : ils n'avaient qu'à ne pas être cléricaux.

Prenez garde, cependant, qu'à force de dénoncer les religieux comme des « milices chaque jour plus menaçantes », à force de répéter que le salut de la République commande de les disperser, et d'appeler à votre aide pour cette œuvre de combat les soldats du drapeau rouge, prenez garde qu'un jour ceux-ci, vous mettant de côté d'un geste brusque, ne se chargent à eux seuls de la défense républicaine. Vous savez comment ils l'entendent !

Ce jour-là, vous aurez la mort dans l'âme, et peut-être quelque rougeur au front, et vous vous souviendrez de l'apostrophe de M. de Serre à La Fayette, lui rappelant « qu'après avoir ébranlé les masses populaires, non seulement on ne peut pas toujours les arrêter, quand elles courent au crime, mais que l'on est souvent forcé de les suivre et presque de les conduire ».

M. de La Fayette avait parlé du péril imminent de la contre-révolution. Vous aussi, Monsieur le Président du Conseil, c'est le péril qui vous paraît, avez-vous dit à la Chambre, moins lointain, plus pressant que le péril social.

La contre-révolution ! Je serais très heureux de savoir ce que vous entendez par cette grave parole. Aucune n'est plus suggestive et ne soulève plus de questions d'ordre philosophique, politique ou religieux. J'ai cherché vainement dans votre discours l'explication de votre pensée, ou plutôt l'enchaînement d'idées qui s'y déroule ne m'en a révélé qu'une seule : c'est que la contre-révolution réside, pour vous, dans le complot contre la République. « J'affirme, dites-vous, que nous avons trouvé la conspiration partout ! »

Pardon ! je vous arrête là : et, ne voulant pas ici, pas plus que vous n'auriez dû le faire à la Chambre, discuter le procès de la Haute Cour, je vous réponds : « Non ! vous n'avez pas trouvé la conspiration précisément chez ceux que vous frappez par vos projets de loi, par ces projets de loi qui, avez-vous dit en propres termes, circonscrivent votre politique gouvernementale. »

Il y en a deux, les seuls dont vous ayez parlé à la Chambre.

Vous ne lui avez pas parlé du projet sur les conseils de guerre ; car M. Viviani vous avait signifié, la veille, qu'il ne l'acceptait pas, ou du moins qu'il ne l'acceptait que comme un encouragement, et qu'au jour de la discussion, il opposerait la tradition révolutionnaire, qui est la sienne, à la tradition napoléonienne, qui est la vôtre (combien durs sont vos alliés !), en demandant la suppression des conseils de guerre.

Vous ne lui avez pas parlé non plus du projet sur l'amnistie, que vous êtes allé porter au Sénat, où vous attendiez peut-être un accueil plus fraternel, de ce projet sur l'amnistie, si remarquable cependant, où vous n'exceptez de votre clémence, pendant que vous en couvrez la trahison contre la patrie et l'outrage contre l'armée, que les Ligues patriotiques et les congrégations religieuses; vous n'en avez pas parlé, parce que M. Viviani vous avait signifié, la veille, qu'il ne l'acceptait pas et qu'il exigerait de vous le déchaînement des lois contre le général Mercier !

II

Vous n'avez parlé que de deux propositions ; c'est donc en ces deux-là que se résume votre politique : et ce sont deux décrets, l'un de proscription contre les religieux, l'autre d'ostracisme contre les catholiques !

Le premier vous appartient en propre : c'est une vieille conception de votre esprit juridique, dont vous aviez, sous une forme un peu différente, donné la primeur à la Chambre, en compagnie de MM. Martin Feuillée et Margue, par une proposition de loi déposée en 1882 et que la chute du grand ministère vous avait empêché de tirer à temps du portefeuille de l'intérieur : elle a dormi dix-sept ans, dans la poudre parlementaire, et vous la réveillez aujourd'hui, pour la présenter au vingtième siècle naissant, quelque peu rhabillée de neuf, comme le dernier mot du progrès, de la civilisation et de l'esprit de gouvernement. Voilà longtemps que cette redoutable question du droit d'association occupe les songes des hommes d'État, et qu'ils s'appliquent à en chercher la solution. M. Dufaure, il y a vingt ans, en a proposé une que vous auriez peut-être pu méditer avec fruit. Mais M. Dufaure n'entendait rien à la défense de la République ! Il croyait qu'elle pouvait s'accommoder de la liberté : c'était le vieux jeu. Pour vous, il n'y faut pas tant de façons, et le héros macédonien ne trancha pas le nœud gordien d'une main plus assurée que la vôtre. En deux mots, l'association est un contrat de droit commun : les congrégations religieuses sont hors du droit commun : donc leur contrat d'association est illicite. La raison : la conservation des États, dites-vous à la Chambre, entendez la défense de la République ! Voilà : c'est mon droit, dirait M. le ministre de la guerre.

En 1882, vous aviez enveloppé votre décret dans des formes législatives, encore assez peu déguisées ; vous disiez :

« Art. 3.— Toute convention ayant pour but ou pour résultat, soit au moyen de vœux, soit par un engagement quelconque, d'emporter renonciation totale ou partielle au libre exercice des droits attachés à la personne, ou de subordonner cet exercice à l'autorité d'une tierce personne, est illicite comme contraire à l'ordre public. »

C'était déjà, pour exprimer que toute congrégation religieuse est illicite, un tour assez galant ! Mais, depuis, le bel esprit parlementaire a fait des progrès, et vous dites aujourd'hui :

« ART. 2. — Toute association fondée sur une cause ou en vue d'un objet illicite, contraire aux lois, à la Constitution, à l'ordre public et aux bonnes mœurs, ou emportant renonciation aux droits qui ne sont pas dans le commerce, est nulle et de nul effet. »

Ah ! tout doux, laissez-moi, de grâce, respirer !

Ces droits qui ne sont pas dans le commerce sont vraiment admirables ! Le lecteur, insuffisamment façonné aux beautés du langage juridique, demeure un moment interdit et, bien vite, il va chercher, dans l'exposé des motifs, l'explication du rébus. Voici :

La renonciation aux droits qui ne sont pas dans le commerce, cela veut dire la renonciation à l'exercice des facultés naturelles, et les facultés naturelles c'est, entre autres, le droit de se marier et de posséder; tout contrat qui ressemble à une servitude personnelle, est nul; il est contraire à la Constitution, à l'ordre public et aux bonnes mœurs : et, comme les objections se présentent en foule à l'esprit le moins avisé, comme il y a un bon nombre de contrats qui ressemblent à une servitude personnelle, vous en finissez d'un mot : la renonciation aux droits naturels est illicite quand elle porte sur l'ensemble de la personne.

Cet « ensemble de la personne » achève tout, et on entend, dans cette obscurité, gronder le *Perinde ac cadaver* qui retentira bientôt à la tribune, comme le suprême et irrésistible argument.

Ainsi, il est permis de renoncer à faire le commerce, à exercer une profession, mais renoncer à se marier, renoncer à posséder, cela est illicite !

Quelques-uns de mes collègues ont formulé, en termes plus brefs, la même pensée : ils ont demandé la mise hors la loi commune de tous ceux qui font vœu de pauvreté, de chasteté ou d'obéissance.

Franchement, Monsieur le Président du Conseil, ne trouvez-vous pas que cela vaut mieux, et que c'est vraiment peine perdue de se mettre l'esprit à l'envers pour dire, avec tant de périphrases, ce qu'une seule parole suffit à faire entendre clairement?

C'est mon avis ; et j'aimais mieux votre texte de 1882.

Je sais bien que, pour prévenir toute confusion, vous avez imaginé un article 13 qui vise les associations entre Français et étrangers, et celles dont la direction serait fixée à l'étranger ou confiée à des étrangers. Pour celles-là, le Conseil d'État devra les autoriser. Il convient d'observer que voilà, sur votre projet de 1882, un notable progrès. C'est une pensée d'avenir et de haute prévoyance. Pour les congrégations, leur affaire est faite par l'article sur les droits qui ne sont pas dans le commerce. Mais il faut tout prévoir. Vous disiez à la Chambre le 16 novembre : « Aussi longtemps que nos relations avec l'Église seront réglées par un contrat, nous respecterons ce contrat. » Bien. Mais la rupture du contrat est une éventualité que, en homme d'État réfléchi, vous avez le devoir d'envisager et sans doute de préparer. La loi sur le droit d'association y pourvoira. Le clergé français forme bien une société d'hommes qui ont renoncé à se marier, qui ont promis d'obéir à des supérieurs, mais, comme ils ont conservé d'autres droits, qui ne sont pas dans le commerce, la loi ne les atteint pas; seulement, cette société d'hommes, qui s'appelle l'Église de France, a sa direction fixée à l'étranger, puisqu'elle reconnaît le pape pour chef suprême. Eh bien! quand il le faudra, on invoquera l'article 13, et le Conseil d'État sera appelé à rendre un décret pour autoriser l'Église, sous certaines conditions propres à assurer la conservation de l'État. C'est une ébauche de constitution civile du clergé.

Si vous ne tirez pas vous-même cette conséquence de votre projet de loi, d'autres la tireront, soyez-en assuré. Pour vous, vous aurez toujours trouvé le moyen de proscrire les ordres religieux : c'est assez pour votre gloire.

***

Le moment n'est, d'ailleurs, pas venu d'ouvrir avec vous, sur tous ces points, une discussion approfondie. En attendant, vous voudrez, sans doute, relire le mémoire de Lacordaire pour le rétablissement des Frères Prêcheurs : « Le célibat, comme la pauvreté, ne sont pas de la création du moine, ils existaient tous deux avant lui, et il n'a fait que les élever à la dignité d'une vertu. » Vous voudrez aussi, je l'espère au moins, relire l'histoire de France et l'histoire du monde, depuis le temps où, « lorsque la vieille Rome tomba vaincue et sanglante aux pieds des barbares, l'Église romaine recueillit l'esprit humain comme un pauvre enfant abandonné que, dans le sac d'une ville, on trouve expirant sur le sein de sa mère égorgée ». C'était M. Thiers qui tenait au Corps législatif ce superbe langage. Vous relirez l'histoire de ces moines d'Occident qui, suivant l'expression de Montalembert, « défrichaient les âmes de nos pères en même temps que le sol de la patrie » ! Vous demanderez aux savants de l'Institut et de l'École des chartes qui a conservé les vieux manuscrits et préparé, par là, la science des « intellectuels » ! Vous demanderez aux historiens qui a formé les générations littéraires du seizième, du dix-septième et du dix-huitième siècle! Vous demanderez au département des Affaires étrangères qui a soutenu, à travers les siècles, qui soutient encore, à toutes les extrémités du monde, en Orient, en Asie, en Afrique, le prestige et l'influence du nom français! Ils vous diront que ce sont des hommes et des femmes qui ont renoncé à l'exercice de plusieurs de leurs facultés naturelles, comme de se marier et de posséder, mais qui ont conservé celle de se dévouer jusqu'au sacrifice, jusqu'au sang, jusqu'à la mort.

Ce sont ces hommes et ces femmes à qui vous refusez le droit de s'associer, sous peine d'une amende de 16 à 5,000 francs et d'un emprisonnement de six jours à un an! ce n'est pas assez : que vous dénoncez à tous les citoyens comme une caste de parias à qui nul, ni père, ni mère, ni parent, ni ami, ne pourra donner asile sans tomber sous le coup des mêmes châtiments! Je n'exagère rien :

« ART. 7. Seront punies de la même peine toutes les personnes qui auront favorisé la réunion des membres de l'association dissoute. »

En 1882, vous aviez été plus précis :

« ART. 4. Sera puni des mêmes peines tout individu qui aura accordé ou consenti l'usage de sa maison ou de son appartement en tout ou en partie pour la réunion des membres d'une association illicite. »

Vous avez pensé que cela était trop libéral, et que la défense de la République commandait des précautions plus étroites : on emprisonnera non seulement quiconque logera chez lui quelques Petites-Sœurs des pauvres, fatiguées d'avoir mendié le pain des vieillards et des infirmes, quelques missionnaires épuisés par les fièvres de Madagascar ou du Tonkin, non seulement celui-là, mais quiconque aura favorisé leur retraite par un conseil, par une indication, par une aumône ! C'est ce que vous appelez, en conviant tous les républicains à se grouper dans cette grande pensée : « poursuivre la constitution d'une société civile assez forte pour se montrer respectueuse de tous les droits de la conscience ».

M. de Martignac, combattant la proposition du colonel Bricqueville sur le bannissement de la branche aînée des Bourbons, disait, devant la Chambre des pairs, saisie, à ces paroles, d'une émotion profonde :

« Qu'un de ces proscrits que votre proposition punit soit conduit en France, et qu'il y cherche un asile, qu'il aille frapper à la porte de l'auteur même de la proposition, que cette porte s'ouvre, que le proscrit se nomme, qu'il entre, et moi je lui réponds d'avance de sa sûreté. »

Monsieur le Président du Conseil, si, demain, votre loi étant votée, et les congrégations qu'elle frappe étant dissoutes par la force, un de ces religieux, chassé de sa demeure, resté sans asile, venait frapper à votre porte, la lui fermeriez-vous ? Et s'il avait trouvé, avec quelqu'un de ses frères, un abri passager dans une demeure qui vous fût connue, dans une demeure amie, dites, iriez-vous dénoncer à la police le recéleur de moines ? Moi, comme Martignac, je lui réponds d'avance de sa sûreté.

M. le Ministre de la Marine, étant le mois dernier à Brest, visitait l'hôpital maritime : on lui présente la supérieure, Sœur Agnès, des Filles de la Sagesse, décorée de la Légion d'honneur. Le ministre lui serre la main et lui demande depuis combien de temps elle est à l'hôpital : « Quarante ans. » — « Je souhaite que

vous y restiez encore aussi longtemps. »
Qu'est-ce à dire ? Les Sœurs de la Sagesse forment une association dont les membres renoncent à se marier et à posséder. M. de Lanessan entend-il protester contre votre projet de loi et, par avance, en souhaiter la violation ? Non, sans doute, il ne pense pas à cela ; la franc-maçonnerie ne le lui permettrait pas. Seulement, il est ministre, il sait qu'il y a des responsabilités qu'on ne peut pas prendre, des choses qu'on dit, mais qu'on ne fait pas, des propositions qu'on dépose, pour les besoins de la politique, mais qu'aucun gouvernement régulier n'aura jamais l'audace d'appliquer.

Et tenez ! je gagerais presque que M. Leygues, à qui j'ai entendu faire, dans la commission de l'enseignement, des déclarations très libérales, quand il était ministre du cabinet Dupuy, est, au fond de son cœur, du même avis, à propos du second de vos projets fondamentaux, celui que vous appelez le projet sur le stage scolaire, et que M. Levraud, allant droit au but, en bon jacobin, appelle le projet sur le recrutement des fonctionnaires. Celui-là, Monsieur le Président du Conseil, ce n'est pas comme le projet sur le droit d'association : il ne vous appartient pas, non plus qu'à M. le ministre de l'instruction publique. C'est mon honorable collègue, M. Pochon, qui en a la gloire, en compagnie de M. Cocula. Vous n'êtes ici que le praticien : l'œuvre a été conçue et pétrie par un autre.

⁂

Ce qu'elle est, tout le monde le sait. Ici, les textes sont clairs et ne s'enveloppent d'aucune périphrase :

Tous les candidats aux fonctions publiques pour lesquelles l'enseignement secondaire ou supérieur est exigé, ainsi que tous les candidats aux grandes écoles du gouvernement, devront avoir fait leurs trois dernières années d'études dans un lycée ou un collège public. Les candidats ne pourront faire une demande d'emploi ou s'inscrire pour un examen qu'en présentant une attestation certifiant que ce stage a été accompli. Enfin, les établissements d'enseignement libre ne pourront conduire leurs élèves aux classes du lycée que si leurs directeurs ou les maîtres attachés à la maison n'appartiennent pas à une association interdite par la loi, par cette loi dont j'ai, il y a un moment, résumé les principales dispositions.

J'observe, en passant, que vous avez renoncé à exiger le stage scolaire pour l'école primaire : M. Viviani vous en a blâmé, car, a-t-il dit, « la loi aurait eu là sa principale vertu en créant aux mains de l'État un véritable monopole », et je suis bien loin de me scandaliser de son langage : c'est la négation, très nette, de la liberté, « vieille formule » et « vocabulaire suranné », dont M. Viviani et ses amis n'entendent pas « rester les esclaves volontaires ». J'aime cette franchise et je la trouve préférable aux sophismes libéraux dont s'enveloppent certaines tyrannies. Mais je ne m'étonne pas du tout que vous ayez reculé devant les généralisations que réclame M. Viviani. L'école primaire conduit à une foule d'emplois modestes auxquels aspirent un très grand nombre de citoyens : les soumettre au certificat de stage, en interdisant ainsi l'école libre à tous ces futurs petits fonctionnaires, c'eût été atteindre directement, dans ses intérêts, la masse électorale. Avec le certificat d'études secondaires, vous n'atteignez que la bourgeoisie, et ce n'est pas elle qui fait la majorité dans les urnes. Vous avez compris cela, avec votre coup d'œil d'homme d'État, et M. Viviani le comprend certainement aussi. Je ne pense pas que ce désaccord soit pour vous diviser bien longtemps.

Voilà donc la proposition dite de scolarité ou mieux relative au recrutement des fonctionnaires. Elle se passe de tout commentaire, et, de fait, vous n'avez pas cru nécessaire de lui en donner beaucoup : l'exposé des motifs tient en quelques lignes, desquelles cependant il faut détacher une perle.

Le projet, on vient de le voir, exige de tous les candidats un *certificat* de stage de trois ans dans un établissement public et ne permet aux pensionnats libres de conduire leurs élèves aux classes du lycée, que s'ils sont *autorisés* par la loi. Or on lit, dans l'exposé des motifs : « Nous ne rétablissons par cette mesure ni le régime du *certificat d'études*, ni l'*autorisation préalable.* » Je gage que l'aimable M. Leygues n'a pas trouvé celle-là : il n'y a que vous, Monsieur le Président du Conseil, pour manier l'ironie avec ce flegme imperturbable : si j'osais, je dirais qu'on n'est pas plus complètement pince-sans-rire.

Certains de vos amis, cependant, n'ayant pas encore lu, sans doute, cette étonnante déclaration, ont été frappés du contraire, et, le lendemain même du dépôt de votre projet, les journaux socialistes, empressés à célébrer ce commencement de justice, tardive et insuffisante, se raillaient de nos alarmes en disant : « Eh bien, quoi! c'est le retour au régime de Louis-Philippe ! Voilà une belle affaire ! » Régime de Louis-Philippe ! conception napoléonienne ! décidément, Monsieur le Président du Conseil, vos amis sont durs.

Mais ils ont raison : c'est bien cela, en effet : c'est le retour au régime de Louis-Philippe, et, dans ce temps-là, voici ce qu'on en pensait :

« Pour délivrer aujourd'hui les diplômes, l'État exige que le candidat ait paru un certain temps dans ses collèges : mais, si ces collèges sont, de bonne foi, considérés par certains hommes comme des écoles de pestilence; si la conscience de certaines familles s'épouvante de livrer leurs enfants aux dangers de l'enseignement officiel, n'y a-t-il pas injustice, n'y a-t-il pas violation de la liberté dans cette condition antérieure à l'examen? Existe-t-il une souffrance plus grande pour l'individu que l'oppression de sa conscience, que la déportation de ses fils dans des écoles qu'il regarde comme des lieux de perdition, que cette conscription de l'enfance traînée violemment dans un camp ennemi, et pour servir l'ennemi? »

Cela s'écrivait en 1844, et était signé de M. Ledru-Rollin.

Voilà ce que disaient du *régime* scolaire de Louis-Philippe les radicaux d'il y a cinquante ans, les pères de la deuxième République et du suffrage universel.

Quant à moi, je suis plus juste et plus modéré que M. Ledru-Rollin. Je n'admets pas que servir l'État, dans les fonctions publiques étrangères à la politique, ce soit, ce puisse être jamais servir l'ennemi : c'est servir la France, et je mets au défi qui que ce soit de prouver, autrement que par des phrases et des procès de tendance, que les anciens élèves de l'enseignement libre aient été de mauvais serviteurs de l'État.

*
* *

Après tout, c'est là qu'est toute la discussion : il faut la serrer de près. Ailleurs, j'examinerai la question générale et profonde de la liberté d'enseignement : je ne pense pas alors avoir beaucoup de peine à montrer que cette liberté est, dans l'état social où nous sommes, une nécessité qui s'impose à tous, un fruit, une conséquence forcée de la Révolution française, qui a rompu l'unité de croyances et de doctrines, et qu'elle est, au milieu de nos irréductibles divisions, le refuge inviolable de la conscience. Aujourd'hui, vous avez vous-même placé le débat sur un terrain plus restreint où je vous suis immédiatement.

Vous avez dit, pour justifier la scolarité, que « le gouvernement a le droit de demander à ceux qui aspirent à occuper ses fonctions, d'apprendre à le servir plutôt qu'à le combattre ». J'accepte donc la question ainsi posée et je vous demande, Monsieur le Président du Conseil, de dire nettement qui, parmi ceux que vise votre projet de loi, a trahi l'État, l'a combattu au lieu de le servir.

Ne parlons pas, encore un coup, des fonctions purement politiques, des préfets et des sous-préfets. Je ne pense pas que ce soient les élèves de l'enseignement libre qui encombrent la carrière. Si elle en compte quelques-uns, il est probable qu'ils ont pris exemple sur ceux de MM. les ministres qu'afflige également ce vice d'origine, et ce n'est pas vous, Monsieur le Président du Conseil, qui pourriez les accuser d'être gênés, pour servir la République, par les leçons de leur enfance. Quant aux autres, je suppose que la synagogue ou le temple protestant les connaissent mieux que l'Église catholique : j'incline même à penser que le plus grand nombre ne fréquente aucun de ces édifices religieux et garde ses préférences pour la loge maçonnique. Ce n'est donc pas de ceux-là qu'il s'agit, non plus que des magistrats suffisamment épurés par vos soins, j'imagine, pour que, si vous éprouvez de leur part quelques mécomptes lorsque vous leur demandez des services, nous n'en puissions pas être rendus responsables. Alors qui ? de qui s'agit-il ?

Voyons, Monsieur le Président du Conseil, il ne sert à rien de ruser avec les situations et de s'abriter dans l'équivoque. C'est l'armée que vous visez avant tout : votre projet de loi est la satisfaction offerte par votre ministère à ceux qui, depuis deux ans, abreuvent d'inqualifiables outrages les officiers sortis des établissements religieux et les maîtres dont ils ont reçu les leçons, en les dénonçant chaque jour comme les ennemis de la patrie, indignes de la servir, incapables de l'aimer. J'abrège et j'adoucis par pudeur les violences de ces odieux réquisitoires. Vous les connaissez comme moi : la presse qui soutient votre ministère en est remplie. C'est à cela que vous obéissez.

Eh bien, je veux, ici, contenir mon émotion. L'infâme accusation ne m'atteint pas personnellement : je ne suis pas un ancien élève des Jésuites; c'est un honneur que je suis obligé d'abandonner à M. le ministre des finances et à M. le garde des sceaux. Mais elle frappe trente générations de soldats et de chrétiens qui furent, qui sont encore l'honneur du pays et de l'armée, et il faut, pour accepter un pareil débat, quelque maîtrise de soi-même. Cependant, je le répète, je contiendrai cette émotion et je discuterai froidement.

*
* *

Si vous prétendez vous associer, je ne dis pas aux accusations, je ne vous fais pas cette injure, mais à la méfiance qu'on vous souffle aux oreilles contre les officiers catholiques, il faut le dire nettement; en de pareilles matières, on n'insinue pas, on affirme et on prouve.

J'attends donc vos preuves, j'attends què vous puissiez montrer, parmi les anciens élèves de Saint-Cyr ou de l'École polytechnique sortis de nos écoles, ceux qui servent mal le pays et qui trahissent leurs devoirs envers l'État. Moi, je vous conduirai, quand vous voudrez, devant le tableau d'honneur où sont inscrits les noms de ceux qui tombèrent pour le drapeau, en quelque main qu'il fût porté, depuis le Mexique jusqu'au Tonkin, à Madagacar et au Soudan; je vous montrerai la liste des ingénieurs, des savants, des explorateurs qui, dans le silence et le travail, étrangers à toute pensée politique, consacrent leur vie, leur force et leur intelligence à servir la patrie par la science, par l'industrie, par les découvertes, par tous les moyens que peuvent offrir l'énergie et l'activité humaines; je ne parle pas des missionnaires qui ouvrent pour nous les chemins de l'Asie et de l'Afrique, il faudrait un volume. Où, quand, la France a-t-elle trouvé des serviteurs plus loyaux, plus dévoués, plus fidèles?

Si vous n'avez rien à répondre à cela, et vous n'y répondrez rien, que voulez-vous dire quand vous parlez d'apprendre à servir l'État et non à le combattre? A qui pensez-vous? De qui parlez-vous?

Aussi bien, il faut aller au fond de ce misérable débat; c'est l'épilogue de l'Affaire. Il y a deux ans qu'on l'annonce, et c'était à cela que devait aboutir, tout le monde le savait, on le disait dès le premier jour, la campagne entreprise en faveur de Dreyfus. Ce qu'on visait par dessus le malheureux, c'étaient les collèges et les écoles préparatoires d'où sortent, en majorité, les officiers chrétiens. Le but était là, le reste était un moyen, un prétexte, et, dès le premier moment, la presse cosmopolite a démasqué l'attaque sur ce terrain avec plus d'ensemble que de prudence.

Eh bien, laissons là, si vous le voulez, les généralités et venons aux faits.

Je ne parle que pour mémoire de la haute main mise sur l'armée par l'enseignment congréganiste : c'est une phrase, ce n'est rien de plus. Vous savez là-dessus, ou vous devez savoir parfaitement à quoi vous en tenir, ayant à votre disposition les statistiques du ministère de l'instruction publique. La moyenne des candidats admis aux deux grandes Écoles militaires, et sortant de la rue des Postes (dont je prends l'exemple parce que c'est, de beaucoup, la plus considérable des écoles préparatoires catholiques, et par le nombre et par le succès), est, pour l'École polytechnique, d'un peu moins d'un dixième, pour l'École de Saint-Cyr d'un peu plus. Je préférerais qu'il en fût autrement; mais je dis la vérité. La liste des officiers ayant, cette année, obtenu le brevet d'état-major, comprend, pour l'infanterie, cinq anciens élèves de la rue des Postes sur quarante et un; dans la cavalerie, trois; dans l'artillerie, un.

Voilà la main mise sur l'armée. J'avais bien raison de dire que c'est une phrase. Passons, et arrivons à l'affaire Dreyfus.

Elle a été, dit-on, c'est ce qu'on imprime tous les jours et ce que j'ai retrouvé, avec une douloureuse stupéfaction, même dans la lettre de M. Jonnart à M. Cornély, elle a été, d'un bout à l'autre, la mise en œuvre de la doctrine des Jésuites. C'est donc que leurs élèves ont eu la responsabilité de tout ce qui s'est fait, en 1894 et depuis deux ans, pour l'accusation, le jugement, la condamnation du coupable. Si on ne prouve pas cela, tout l'argument s'écroule.

On ne le prouvera pas, et moi je vais vous prouver le contraire. Déjà, au mois de mai dernier, je l'ai dit, à Lyon, dans un discours public que la presse a reproduit : je le répète ici. Ni le général Mercier, ni le général Billot, ni le général de Boisdeffre, ni le général Gonse, ni le colonel du Paty de Clam, ni Esterhazy, ni Henry, ne sortaient de la rue des Postes : seul le général de Boisdeffre a passé deux ans, dans son enfance, au collège de Vaugirard, qui n'est pas une écolc préparatoire, et il en a passé huit au lycée d'Alençon, d'où il est entré à Saint-Cyr.

Dans l'état-major particulier du général de Boisdeffre, il n'y avait pas un seul élève des

Jésuites; dans l'état-major général, sur 160 officiers environ, il y en avait, quand l'affaire Dreyfus a commencé, 9 ou 10 à peine.

Parmi les juges de 1894, il n'y en avait pas un seul, sauf un juge suppléant qui n'a pas eu à siéger.

Parmi les juges de 1899, il y en avait un! La voix publique l'a désigné comme un des deux qui ont acquitté, sans qu'on en sût rien; on continue à le dire sans qu'on en puisse jamais rien savoir, et pour ce motif seulement qu'on lui connaissait des sentiments très religieux en lesquels les partisans de Dreyfus, les plus anticléricaux, mettaient, au dernier moment, une étrange confiance! Les autres étaient tous lycéens, ainsi que le commissaire du gouvernement. Parmi les soixante témoins, il y avait six anciens élèves de la rue des Postes, dont aucun ne figure dans les plus importants : sur les six, trois ont déposé en faveur de Dreyfus; un sans prendre parti.

Voilà la vérité. Après cela, on nous dit : c'est l'enseignement des Jésuites qui a permis aux officiers de l'état-major d'accomplir leurs « abominables machinations ». Mais ils sortaient presque tous des lycées! Cela ne fait rien, c'est la doctrine flétrie par Pascal qui est cause de tout. On l'enseigne donc dans les lycées? Est-ce cela que vous voulez prouver? Non. Alors que reste-t-il?

Il reste que l'immense majorité des catholiques, comme l'immense majorité des Français, s'étant rangée, dans ce lamentable débat, du côté de l'armée, la minorité de révolutionnaires et de franc-maçons, qui domine le Parlement par la menace et la violence, leur en garde un mortel ressentiment et qu'elle veut profiter de sa puissance pour écraser ensemble l'esprit militaire et l'éducation chrétienne. Il reste que les éternels ennemis du catholicisme, les sectaires et les jacobins, ceux que Taine a si bien décrits, à qui leur code d'axiomes ferme l'horizon, qui ne distinguent rien au delà de leur coterie ou de leur club, s'emparent, avec une joyeuse ardeur, des calomnies répandues dans le public à propos de l'affaire Dreyfus, et les agitant comme un épouvantail, forment, derrière eux, une sorte de parti dont la faiblesse des libéraux double l'audace : et, de cette étrange coalition, née du pacte conclu pour la défense de Dreyfus, il va sortir, au dernier jour du dix-neuvième siècle, quoi? le plus monstrueux des procès de doctrine!

*
* *

Voilà l'œuvre à laquelle vous vous prêtez! Je dis un procès de doctrine, car c'est là, fatalement, que vous serez acculé pour défendre votre loi de scolarité. Des faits, vous n'en trouverez pas un : je viens de vous le montrer, et il vous faudra en revenir à la vieille conception jacobine, l'unité de doctrine imposée par la loi, l'unité morale de la nation imposée par décret!

C'est ce que M. Caillaux, à La Ferté-Bernard, appelait « faire en sorte que les générations à venir aient l'esprit libéral ».

Nous discuterons à loisir, je l'espère, Monsieur le Président du Conseil, cette thèse de l'unité de doctrine. Vous nous direz quelle est celle que vous prétendez dicter aux fonctionnaires de l'État? Vous nous direz qui la définira dans le temps où nous sommes, alors que « règne dans l'Université la variété la plus grande des opinions et des systèmes », alors qu'on « y rencontre tout, depuis l'idéalisme mystique jusqu'au positivisme le plus brutal ». Vous nous direz comment vous imaginez que, dans un tel état, on puisse imposer à la conscience des parents, à l'intelligence des élèves, l'obligation d'un enseignement philosophique officiel, et comment vous échapperez à l'alternative « ou de violer la liberté du professeur pour faire respecter celle du père de l'élève, ou de sacrifier cette dernière à celle du professeur. » Ce n'est pas à une publication catholique que j'emprunte ces citations : c'est au *Temps*, qui juge ainsi le projet sur le recrutement des fonctionnaires.

Il faudra répondre à ces pressantes interrogations qui ne viendront pas seulement, vous le voyez, de notre côté. Ce ne sera pas assez de l'affaire Dreyfus et des *Provinciales* pour sortir de là. Et si, afin d'échapper au débat, vous vous bornez, comme vous l'avez fait à la Chambre, le 16 novembre, à monter au Capitole, en proclamant que vous avez bien mérité de la République et accompli une des promesses de la

Révolution, il se trouvera, je l'espère, quelque libéral, attardé dans le souvenir de 1789, pour vous lire l'article VI de la Déclaration des droits de l'homme :

« Tous les citoyens, étant égaux aux yeux de la loi, sont également admissibles à toutes dignités, places et emplois publics, selon leur capacité, et sans autre distinction que celle de leurs vertus et de leurs talents. »

Je m'arrête sur ces mots, Monsieur le Président du Conseil. Ils sont la condamnation de vos projets de loi.

Je ne me flatte pas que ces lignes puissent vous décider à les retirer. J'ignore d'ailleurs si vous en avez la liberté. Elles pourront, du moins, vous avertir de l'émotion qu'ils jettent parmi les catholiques, dont je suis assuré d'être ici le fidèle interprète. Sans doute, cela vous paraîtra de minime importance, si vous faites le compte des voix dont nous disposons dans le Parlement. Mais vous êtes un politique trop réfléchi pour ne pas savoir, à merveille, qu'un gouvernement ne tourne jamais impunément contre lui la conscience religieuse d'une nation, et que la force, si triomphante qu'elle soit un moment, finit toujours par succomber devant elle.

Peut-être aussi, en écoutant d'un peu près la voix du pays, sans vous laisser étourdir par les manifestations de commande et les approbations intéressées, sans confondre surtout avec elle les acclamations révolutionnaires qui la peuvent couvrir, mais non pas étouffer, peut-être entendrez-vous monter, du sein de la nation laborieuse et du milieu de vos amis d'hier, une sourde réprobation de votre politique, une grandissante inquiétude de l'avenir.

Ces réflexions et ces avertissements auront, je l'espère, plus de poids que ma parole. Puissent-ils vous détourner de poursuivre jusqu'au bout l'œuvre commencée !

En tout cas, tenez pour certain que vous ne l'accomplirez pas sans vous heurter à une longue et vigoureuse résistance.

J'ose, M. le Président du conseil, vous en donner l'assurance avec celle de ma considération la plus haute et la plus distinguée.

DEUXIÈME LETTRE

Paris, le 25 décembre 1899.

Monsieur le Président du Conseil,

Dans une première lettre, répondant à votre discours du 16 novembre dernier, j'ai pris la liberté de vous adresser quelques observations au sujet de votre politique générale, et particulièrement des deux projets qui, d'après vos propres déclarations, la circonscrivent, l'un sur le contrat d'association, l'autre sur le stage scolaire.

Je désire aujourd'hui étudier, avec vous, d'un peu plus près, ces deux propositions, espérant vous en faire peut-être apercevoir plus complètement l'injustice, ou, du moins, en préparer utilement la discussion devant l'opinion publique.

Je commencerai par le stage scolaire.

Dans la pratique, en effet, votre projet sur

les associations, si important qu'il soit, n'en est qu'une annexe, le moyen de le rendre tout à fait efficace en fermant absolument, pour la grande majorité des élèves de l'enseignement libre, la porte des carrières publiques que, par une hésitation imprévue, vous laissez encore entr'ouverte pour les autres.

Le grand scandale où vous jette la renonciation des droits naturels pour « l'ensemble de la personne », me paraît être surtout une grande inquiétude pour la prospérité des collèges de l'Etat. Il y a bien aussi la *Croix* qui trouble les nuits de plusieurs, parmi les plus animés contre les congrégations : mais j'attends le texte de loi par lequel vous empêcherez des citoyens, même habillés d'une soutane, de se réunir vingt et un en une salle de rédaction pour employer « l'ensemble de leur personne » à écrire un journal. Nous verrons bien.

Pour le moment, vous allez au plus pressé.

Henri IV répondait en 1603 aux remontrances d'Achille de Harlay, touchant le rétablissement des Jésuites : « L'Université les a contrepointés voirement, mais ç'a été pour ce qu'ils faisaient mieux que les autres, témoin l'affluence des escoliers qu'ils avaient en leurs collèges. » L'histoire se répète, et, derrière les grands mots, se cachent les mêmes passions.

*
* *

M. le ministre de l'instruction publique parlant, le 2 décembre, aux instituteurs et institutrices de Paris, leur disait : « La plus haute vertu démocratique, c'est la tolérance ». Certains ont paru surpris, se souvenant du projet de loi qu'il venait de déposer et qui ne tolère, dans aucune fonction publique, l'éducation chrétienne. Pour moi, je ne me suis point étonné : cela devait arriver.

Quand on parle de tolérance, c'est ordinairement qu'on s'apprête à molester les catholiques. De la tolérance, on passe au fanatisme, et les persécutions sortent de ces deux mots-là. La Révolution s'est faite au nom de la tolérance, et, aussitôt, par amour de la tolérance, on a brûlé les églises et guillotiné les prêtres.

Je ne vous accuse point, ni M. Leygues, de si noirs desseins : vous vous bornez à fermer les couvents et à opprimer les consciences. On n'est pas tolérant à moins. Pour moi, je vois bien que la tolérance est une aimable qualité de l'esprit, qui consiste à supporter les habitudes ou les opinions d'autrui, et sans laquelle il serait impossible de vivre en société, aussi bien pour les aristocrates que pour les autres. « Pardonnons-nous réciproquement nos sottises : c'est la première loi de nature, » dit Voltaire dans le *Dictionnaire philosophique*.

J'ai d'ailleurs remarqué que les plus fermes en leurs idées ne sont pas les moins enclins à en admettre la contradiction. Mais je ne comprends pas ce qu'on entend par la tolérance quand il s'agit du gouvernement et des lois.

Je serai charmé que M. Leygues tolère, dans la discussion, l'expression de mes idées; je n'attends pas moins de sa courtoisie, ni lui de la mienne. Mais, en ma qualité de citoyen, je ne demande point au ministre de l'instruction publique, ni au ministre de l'intérieur, de me tolérer. Je leur demande de respecter mes droits et de les faire respecter. C'est, pour le coup, le premier devoir d'un gouvernement démocratique. En pareille matière, la tolérance est une forme de la tyrannie, puisque, comme dit Mirabeau, « l'autorité qui tolère pourrait ne pas tolérer. » C'est notre cas. La tolérance de M. Leygues le porte à ne pas tolérer que les élèves des collèges religieux soient admis aux fonctions publiques. Je ne veux ni de cette tolérance ni de cette intolérance. Je veux que mon droit d'élever mes enfants suivant ma conscience, droit sacré entre tous, me soit garanti. Vous avez bien senti, M. Leygues et vous, qu'il faudrait vous défendre là-dessus : et vous avez essayé de vous excuser à l'avance en écrivant, dans l'exposé des motifs du projet de loi, les deux phrases que voici : « Si vous adoptez notre projet, les familles garderont la faculté de confier l'éducation de leurs enfants à des maîtres de leur choix. Elles sauront seulement que, pour les fonctions et emplois recrutés par l'État et rétribués par lui, les candidats devront fournir la référence de trois années passées dans un établissement universitaire. »

J'admire toujours chez vous, Monsieur le Président du Conseil, l'art de la périphrase. Cela n'est-il pas paternellement exprimé? On vous entend : « D'aucuns m'accuseront peut-être d'usurper le droit des familles : ce sont des méchants ! Moi, élever vos enfants malgré vous ! Rien de pareil : je me charge de les instruire, voilà tout ! vous les élèverez comme vous le voudrez, avec un précepteur, dans un pensionnat, tout à fait librement, et encore n'est-ce que s'ils ont envie d'être officiers, marins, magistrats, professeurs, ingénieurs, employés de l'administration ou quelque chose de pareil : pour le reste, ils pourront même être instruits par qui vous voudrez. N'est-ce pas une admirable tolérance? Ah ! un détail encore : je dis que vous les élèverez dans un pensionnat, mais, bien entendu, à la condition qu'il ne soit dirigé ni par un Jésuite, ni par un Dominicain, ni par un Mariste, ni par un Eudiste, ni par un Oratorien, ni par un Picputien, ni enfin par aucun de ces gens que je vous ai dit qui renoncent à leurs droits naturels pour l'ensemble de leur personne. Pour ceux-là, la vertu de tolérance m'oblige à ne pas les tolérer. Du reste, vous êtes libres, vous garderez la faculté de confier l'éducation de vos enfants à des maîtres de votre choix. »

I

Oh! vous connaissez très bien votre terrain, vous l'avez étudié, et vous savez à merveille que votre sophisme est assuré de trouver beaucoup d'oreilles complaisantes. Vous vous dites que les gens n'y regarderont pas de si près : sans doute, on gémira, on se plaindra du malheur des temps, on regrettera les bons Pères, ou, du moins, on vous blâmera de ne pas laisser à ceux qui les aiment la liberté de mettre leurs enfants chez eux; mais on pensera qu'après tout, c'était ainsi sous le roi Charles X, et aussi sous le roi Louis-Philippe, et, puisque ce bon M. Waldeck-Rousseau nous permet la pension de M. l'abbé, il n'est pas si terrible; qu'est-ce que cela nous fait que l'enfant aille au lycée, puisque ce n'est que pour la classe?

Ce n'est que pour la classe : voilà bien le résumé de votre exposé des motifs. A l'abri de ce sophisme, on met la main sur la formation des esprits et des intelligences. C'est le masque de l'oppression; il faut l'arracher. Victor Hugo disait à l'Assemblée nationale de 1849, en combattant le projet qui allait devenir la loi de 1850 :

« Votre loi est une loi qui a un masque. Elle dit une chose et elle en fait une autre. C'est une pensée d'asservissement qui prend les allures de la liberté. »

Nous discuterons la loi de 1850, et nous verrons ce qu'il faut penser des accusations de Victor Hugo. En attendant, je vous retourne ses paroles :

« Votre stage scolaire est une pensée d'asservissement qui prend les allures de la liberté. »

C'est ce que je veux d'abord vous montrer : car rien n'est pire qu'une tyrannie déguisée, et trop de catholiques, je n'hésite pas à le dire, se laissent abuser par cette trompeuse apparence.

Au fond du sophisme, que j'appelle la liberté du pensionnat, qu'y a-t-il? Il y a la séparation absolue de l'éducation et de l'instruction, en deux domaines entièrement distincts. Aucune idée n'est plus fausse, plus opposée à l'objet même de l'enseignement, qui n'est pas seulement de donner des connaissances, mais de former des idées, plus contraire à la dignité du maître, réduit ainsi à l'abdication de sa propre pensée, plus vain, plus éloigné de toute réalité pratique, au regard de l'enfant dont la leçon pénètre l'esprit.

Oui, j'accorde que, depuis un siècle, l'Université a eu cette funeste tendance, ou plutôt qu'elle s'est, à elle-même, donné cette déplorable illusion. M. Brunetière l'a très bien montré à la première page de son écrit sur *l'Éducation et l'Instruction,* deux termes qui, jadis, s'ils ne se confondaient pas, « s'équivalaient à peu près dans l'usage »; car « nos pères qui étaient gens de sens n'auraient pas compris que l'on prétendît élever un enfant sans l'instruire...; mais ils n'auraient pas admis davantage que l'on se proposât de l'instruire sans l'élever... » : et il marque aussitôt que la séparation s'est opérée « depuis que l'État — voilà tantôt cent ans — a cru devoir prendre à sa charge le fardeau de l'instruction publique » en appliquant les doctrines des Encyclopédistes et les conceptions sociales de J.-J. Rousseau.

Mais cette désunion artificielle de deux

forces destinées à s'entr'aider, quel effet pouvait-elle avoir ? Un seul, et elle ne l'a eu que trop pleinement; elle a conduit les professeurs à négliger l'éducation morale et, leur leçon faite, à se désintéresser des élèves. Ce fut la plaie de l'Université, c'est encore sa faiblesse, malgré des efforts dont il convient de louer la sincérité, bien qu'ils doivent demeurer impuissants, j'en suis convaincu et je dirai pourquoi. Il y a cinquante ans, au temps des grandes luttes contre le monopole, M. Saint-Marc-Girardin l'avouait déjà : « Nous ne faisons pas plus des citoyens que des dévots dans nos collèges : que faisons-nous donc ? Nous instruisons, nous n'élevons pas. » Trente ans plus tard, M. Jules Simon faisait porter là-dessus toute sa *Réforme de l'enseignement secondaire :* « Qu'est-ce que réformer les collèges ? C'est substituer l'éducation à l'entraînement », car, dit Montaigne, « aultrement on ne faict que des asnes chargés de livres. »

Et M. Henri Marion, qui fut professeur de pédagogie à la Sorbonne, écrivait encore il y a sept ans, dans son livre sur *l'Éducation dans l'Université :* « Qui de nous, avant de monter dans une chaire, avait jamais entendu parler expressément de la tenue d'une classe, des conditions de l'autorité, de l'action morale à exercer indépendamment de ce que l'on enseigne. » Voilà l'effet de la séparation entre l'instruction et l'éducation.

*
* *

Mais cela veut-il dire que l'enseignement est resté et qu'il reste sans action sur l'éducation? En aucune façon. Mgr Dupanloup... Je m'excuse, Monsieur le Ministre, d'invoquer cette autorité cléricale, mais nous ne sommes pas à la Chambre et on ne m'interrompra pas en criant au 16 mai et au gouvernement des curés. Vous savez, du reste, comment Renan parle de Mgr Dupanloup, cet « éveilleur incomparable » qui était, pour chacun de ses élèves « l'excitateur toujours présent, le motif de vivre et de travailler. » Eh bien, cet instituteur hors de pair écrivait, en 1851, dans son livre *De l'Éducation*, ces lignes concluantes : « L'avenir de ces jeunes gens, c'est vous, Messieurs, qui l'aurez préparé, disais-je un jour à nos professeurs de seconde et de réthorique : oui, c'est à un bon professeur de seconde, à un bon professeur de rhétorique que j'ai entendu tels ou tels hommes éminents se proclamer redevables de tout ce qu'il y avait en eux de meilleur : c'est avec lui que j'ai commencé à comprendre et à sentir; c'est lui qui a allumé dans mon esprit la première étincelle du feu sacré ! » et un peu plus plus loin : « C'est dans une classe de philosophie bien faite, sous un professeur digne de donner ce grand et bel enseignement, c'est là que l'esprit, le cœur, le caractère des jeunes gens prennent leur forme, leur maturité, leur valeur décisive. »

Voilà l'opinion d'un des hommes qui ont le mieux parlé de l'éducation; et, d'ailleurs, quel est le maître qui pense autrement?

M. Bernès, professeur de rhétorique au lycée Lakanal et membre du Conseil supérieur de l'Instruction publique, l'a dit devant la commission de l'enseignement : « Je crois que la partie essentielle de l'éducation, — on ne le dit pas suffisamment quand on reproche à l'Université de ne pas donner d'éducation, — résulte de la classe, des matières mêmes de l'enseignement d'abord... »

J'applaudis aux paroles de M. Bernès, et c'est pourquoi, pas plus pour l'enseignement secondaire que pour l'enseignement primaire, je ne crois à la neutralité de l'école. L'enseignement peut être impartial dans l'exposé des faits et des idées ou dans le jugement des caractères : il doit s'efforcer de l'être entièrement. Neutre, il ne le peut pas, car il faudrait pour cela supposer un maître sans croyance, sans conviction, sans opinion, et ce maître-là n'existe pas, vous ne voudriez pas qu'il existât, et vous auriez bien raison. M. Jules Simon le disait au Sénat en 1886 : « Je vous demande ce que c'est qu'un homme qui veut enseigner, faire des hommes, et qui n'a pas une croyance?... Je répète que l'école neutre est une école déshonorée..., qu'il n'y a pas d'école véritablement neutre, et que, s'il y en avait, il faudrait en rougir. »

Allons au fait. Voici une loi qui oblige toute la jeunesse active, laborieuse, à suivre pendant les trois dernières années d'études les cours de l'Université ! Vous ne dites pas, il est vrai, quelles seront ces années, et ce n'est pas une des moindres obscurités de votre projet : car il y a des carrières publiques pour lesquelles il faut justifier du baccalauréat classique de philosophie, d'autres où le candidat peut opter entre le baccalauréat de philosophie et celui de mathématiques ; il y en a pour lesquelles la première partie du baccalauréat classique ou moderne est seule exigée ; il y en a enfin, et non des moindres, pour lesquelles aucun diplôme n'est nécessaire. Je reviendrai sur ces questions d'application où le vague de votre proposition témoigne, permettez-moi de vous le dire, d'une singulière légèreté ! Pour le moment, je ne vais pas plus loin. Vous exigez que les trois dernières années d'études soient accomplies au lycée ; le plus souvent, il y aura, dans ce nombre, une année au moins de philosophie, soit parce qu'elle sera nécessaire pour l'examen de carrière, soit parce que les familles ne voudront pas priver leurs enfants de ce véritable achèvement des études littéraires. Et vous voulez que cette année de philosophie n'ait rien à voir avec l'éducation !

Quoi ! devant ces jeunes gens parvenus à l'âge où l'esprit s'éveille à toutes les impatiences de savoir; devant ces jeunes gens que, demain, au sortir du collège, la génération de leurs pères regardera anxieuse en leur disant, comme M. Buisson, au Collège des sciences morales : « Que crois-tu, qu'aimes-tu, que veux-tu et que vas-tu faire de ta vie? »; devant ces jeunes gens va se poser la question de leur destinée, de leur origine et de leur fin! le bruit viendra à leurs oreilles du grand procès institué par les sciences positives contre la métaphysique; les systèmes édifiés par le génie des hommes pour expliquer le mystère de la vie vont passer devant leurs yeux : « c'est dans cette classe d'une importance capitale, dit M. Gebhart, parlant du *Baccalauréat et des Études classiques*, que les jeunes gens seront obligés de *choisir* et, par conséquent de *négliger*... Les professeurs vont leur apporter, avec Platon, Aristote, Descartes, Spinoza, Leibnitz, Kant, les hauts problèmes de l'âme, de la nature, de la vie, de l'au-delà » : et vous voulez que la leçon reste sans conclusion!

Au carrefour de tous ces chemins que le maître va découvrir, vous voulez qu'il s'arrête sans dire quelle route est la bonne! Mais s'il le fait, s'il en est capable, si l'incertitude de ses propres pensées apparaît dans l'indécision de son langage, ne voyez-vous pas que c'est le scepticisme qu'il aura jeté dans ces cœurs de vingt ans, comme le souffle attardé de l'hiver sur la fleur entr'ouverte? Et, le lendemain, quand vous leur demanderez encore : « Que crois-tu, que veux-tu, que vas-tu faire de ta vie ? » dites-moi ce qu'ils répondront. Ils passeront en courbant la tête, et ils iront grossir la foule de ces « consciences troublées, de ces esprits pleins d'angoisse », dont parlait M. Legouvé aux funérailles de Pasteur, qui « cherchent Dieu et ne le trouvent plus, qui l'invoquent et ne l'entendent plus !... » Ne me répondez pas que l'éducation du pensionnat, ni même de la famille, suffiront à combler le vide que vous aurez creusé dans ces âmes : à l'âge où l'esprit raisonne, ni l'exemple ni la discipline ne suffisent à remplacer les leçons.

Je n'ai parlé que du scepticisme, mais dans tout ce grand débat de la philosophie, le maître a pris parti ; je l'ai dit, il n'y a pas de maître neutre, il y en a moins que jamais. Déjà, en 1840, Lacordaire dénonçait, vous savez avec quelle ardeur, le danger des leçons offertes à la jeunesse de son temps; et Montalembert disait à la Chambre des pairs: « Si j'étais père, j'aimerais mieux voir mes enfants croupir toute leur vie dans l'ignorance et l'oisiveté, que de les exposer à l'horrible chance que j'ai courue moi-même. » Dans ce temps-là, pourtant, l'Université se glorifiait du spiritualisme officiel de M. Cousin, et lui-même, et M. de Salvandy, et M. Villemain, protestaient de toutes leurs forces quand on accusait l'enseignement public de faire des athées!

Et aujourd'hui, Monsieur le ministre! vous n'étiez plus député, et vous n'étiez pas encore le protégé de M. Jean Jaurès, le jour où, dans la discussion du budget de l'instruction publique, rejetant à la fois et le spiritualisme de M. Cousin, et les doctrines du positivisme, et le matérialisme superficiel, il fit entendre un éclatant défi porté à Dieu lui-même, évoqué sous une forme sensible! Ce jour-là, dans l'embarras des orateurs officiels, le débat apparut nettement posé entre la philosophie chrétienne qui s'appuie sur l'existence d'un Dieu personnel et créateur, et la philosophie évolutionniste qui, de l'ignorance voulue du Dieu inconnaissable, en vient ouvertement à la révolte réfléchie contre le Dieu inutile. Où est entre les deux la place de la neutralité ? Êtes-vous sûr que M. Jaurès soit un isolé dans les rangs de l'Université ? Ignorez-vous que la philosophie du socialisme trouve chaque jour parmi les étudiants un plus grand nombre d'adhérents?

Vous me répondez que ces hautes discussions appartiennent à l'enseignement supérieur; que, dans l'enseignement secondaire, elles ne se présentent pas avec cette ampleur; que, d'ailleurs, les professeurs sauront observer dans leurs leçons la neutralité voulue et le légitime respect des croyances. Mais l'existence de Dieu, sa nature et ses attributs, la vie future, les destinées de l'âme, ce ne sont pas des sujets réservés aux thèses de Sorbonne, ce sont des questions essentielles, fondamentales et précises, sur lesquelles il faut nécessairement que le maître se prononce.

⁂

Je crois très sincèrement au désir de neutralité de la plupart des professeurs et à leurs intentions respectueuses pour toutes les croyances. Mais comment, en de tels sujets, y peuvent-ils obéir ? Ils se lassent, d'ailleurs, et je les en loue, de la consigne officielle. M. Gustave Lanson, maître de conférences à l'École normale et professeur titulaire de rhétorique au lycée Louis-le-Grand, écrivait, il y a quelques mois, dans la *Revue bleue :* « Le maître a aussi sa liberté de penser ; ce n'est pas insulter à la croyance d'autrui qu'exposer sa croyance ; ce n'est pas ôter à l'auditeur sa liberté que de dire ce qu'on estime vrai, et pourquoi on l'estime tel. C'est cette netteté des positions, cette déclaration franche, ferme, modérée, des doctrines que l'on pourrait désirer un peu plus dans l'Université... » J'approuve M. Lanson de tenir ce langage : c'est celui d'un maître vraiment soucieux de sa dignité. Mais alors, il n'y a plus de neutralité.

Au reste, si elle est dans l'intention du maître, pensez-vous qu'elle soit dans la pratique ? Je le répète, c'est une impossibilité. J'ai sous les yeux, en vous écrivant, deux petits livres de M. A. Penjon, professeur à la Faculté des lettres de Lille : c'est un *Précis de philosophie* et un *Précis d'histoire de la philosophie*. Ils ont tous deux la forme et l'apparence d'un manuel, et, dans une note, placée en tête du premier et datée de Douai, juillet 1897, l'auteur, bien loin de s'en défendre, dit : « Si on prend ce *Précis* pour un simple manuel, je n'en ressentirai pas le moindre chagrin..., autant que possible je me suis conformé, en le composant, à l'ordre des programmes. » Ce sont donc bien des ouvrages classiques à l'usage des élèves de lycée. Sur la neutralité, M. Penjon s'exprime ainsi dans l'introduction du *Précis d'histoire de la philosophie* : « L'impartialité, si elle était possible, serait, dit-on, la plus belle qualité de l'historien. Mais elle n'est ici ni nécessaire ni désirable. Les questions agitées par les philosophes ne nous sont pas indifférentes, ni, par conséquent, les solutions qu'ils proposent. J'ai mes préférences très décidées et je les montrerai en toute occasion dans ce petit livre dont le plus ignorant en philosophie peut aborder la lecture. » Nous voilà bien avertis. Je ne blâme pas du tout M. Penjon. Il use de son droit et ne prend personne en traître.

Eh bien, voici un père chrétien qui, sans être

lui-même grand philosophe, veut cependant s'informer de ce qu'on enseigne à son fils. Il s'enquiert d'abord, et tout naturellement, de ce qu'il pense de Dieu. Le jeune homme ouvre le *Précis de philosophie*, et il répond : « Il reste donc que ce soit, en définitive, *notre* vraie nature, la nature supérieure du moi jugeant et voulant que nous désignons quand nous parlons de Dieu. » Si alors le père alarmé presse son interrogatoire, et, pour savoir où en est son fils des croyances qu'il a voulu lui mettre au cœur en lui apprenant le catéchisme, s'il le questionne sur la vie future et l'immortalité du moi, il recevra cette réponse : « Cette croyance a fait beaucoup de bien ; elle a consolé beaucoup de tristesses, guéri beaucoup de blessures. Elle a même maintenu dans la légalité, comme disait Kant, sinon dans la moralité, un grand nombre d'hommes. Mais elle est inconciliable avec ce que nous savons du moi et avec la vraie notion du devoir.... Notre moi auquel nous sommes si attachés n'est fait en aucune manière pour l'éternité. » Vous n'oubliez pas, Monsieur le ministre, qu'il s'agit de deux manuels destinés aux élèves des lycées.

Mais allons plus avant. Est-ce qu'un maître a besoin d'écrire des précis de philosophie pour que ses idées soient connues ? Lors même que dans son cours il cherche à observer la discrétion et la neutralité, est-ce que sa personne se dédouble à ce point qu'on ignore ses doctrines, et pensez-vous qu'elles soient sans action sur ses élèves ?

M. Jean Izoulet, aujourd'hui professeur de philosophie sociale au Collège de France, était professeur agrégé de philosophie au lycée Condorcet, quand il soutint en Sorbonne, le 18 janvier 1895, sa fameuse thèse sur la *Cité moderne*, thèse sociologique, il est vrai, mais qui déborde à chaque instant le sujet et aboutit à une sorte de naturalisme panthéistique. Une partie de la jeunesse s'est passionnée pour ce livre. La Revue encyclopédique de Larousse, racontant cette soutenance, dit que les admirateurs de M. Izoulet, en rangs pressés, lui faisaient à chaque parole une éclatante ovation.

C'est une difficile entreprise que d'analyser la *Cité moderne*, ou d'y choisir des traits caractéristiques, et je ne voudrais pas que l'auteur m'adressât le mot de Diderot, qu'il cite à la fin de son volume : « Tu remues le sable d'un fleuve qui roule des paillettes d'or, et tu reviens les mains pleines de sable et tu laisses les paillettes. » Mais enfin je ne me trompe pas, je pense, en disant que M. Izoulet a cherché, dans un vaste effort, à concilier le matérialisme et le spiritualisme, et que cette conciliation, il l'a aperçue dans une idée fondamentale qui est celle-ci : Notre espèce s'est élevée lentement de l'animalité à l'humanité, de l'instinct à la raison : l'homme primitif ne pensait pas, ne parlait pas ; l'homme tel que nous le voyons est un animal arrivé. L'ascension de l'état d'animal à l'état d'homme est le fait de la civilisation. L'homme isolé, sauvage, ne possède que les attributs de l'animalité : c'est l'anthropoïde. L'homme associé, civilisé, possède les attributs humains : c'est l'homme, il a une âme. Cette âme est fille de la cité, c'est-à-dire de l'association. Il n'y a donc pas d'âme-substance, logée provisoirement dans un corps : l'âme n'est pas une substance, c'est l'exaltation d'une fonction. Pour cet homme ainsi compris, l'idée de Dieu est une vaste et ardue conception mentale qui implique une immense évolution de l'esprit : elle ne saurait donc être primitive.

Et voici l'une des conclusions les plus frappantes du livre : « La France a fait sa révolution politique pour nationaliser la souveraineté : il lui reste à faire sa révolution religieuse pour naturaliser Dieu. »

Je me doute bien que l'éminent professeur n'enseignait pas exactement cette philosophie à ses élèves de Condorcet. Mais dissimulait-il sa pensée jusqu'à ne pas en laisser, au moins, comprendre l'esprit ? Ce serait lui faire injure que de le supposer, et d'ailleurs, comment l'aurait-il pu ?

Je vous demande, Monsieur le Président, si l'éducation n'a rien à voir avec de telles leçons, s'il peut être indifférent à des parents chrétiens d'y exposer leurs enfants dans l'âge où il s'agit justement de former leurs idées, si enfin, quand vous prétendez les y obliger, vous avez le droit de dire que vous respectez leur conscience, que vous ne portez pas atteinte à leur liberté, et qu'ils gardent le droit de confier l'éducation de leurs fils aux maîtres de leur choix. Je vous le demande, je le demande aux pères, aux mères qui se laissent, par le souci de l'examen, entraîner à de telles abdications, je le demande à tous les hommes de bonne foi, à ces professeurs eux-mêmes, jaloux de leur dignité et de leur indépendance, au profit de qui vous voulez organiser la conscription de la jeunesse, en les condamnant à mutiler leur pensée.

J'ai cité M. Izoulet, parce que l'éclat même de son enseignement l'a mis plus en vue : il serait facile de multiplier les exemples. Sans plus de peine, on m'en opposerait d'autres : on nommerait des maîtres spiritualistes, on en nommerait qui sont nettement chrétiens. Cette variété des opinions, vous la vantez comme une marque de la liberté que l'Université laisse à ses membres; cet effort incessant, multiple en ses solutions, vers la recherche du vrai, vous le glorifiez comme le gage de sa sincérité. Je l'accorde volontiers. Mais, quand il s'agit d'éducation, de formation des idées, ce n'est pas la variété que je demande à l'enseignement, c'est la précision : l'esprit des jeunes gens n'est point un terrain d'expériences qu'il soit permis de fouiller pour découvrir la vérité : c'est un champ destiné à la moisson prochaine, où il faut semer des affirmations fécondes.

*
* *

J'ai d'abord envisagé la philosophie, parce que c'est la question capitale. Mais l'histoire! mais la littérature elle-même! Là aussi, la conception que le maître s'est faite de l'humanité, de sa marche à travers les âges, de l'homme et de l'emploi de ses facultés, ne sera-t-elle pas nécessairement la moelle de son enseignement? S'il est partisan du naturalisme en littérature, du fatalisme et de l'irresponsabilité en histoire, pensez-vous qu'on n'en verra rien dans sa leçon? ou bien voulez-vous qu'il se borne à la sèche nomenclature des noms et des œuvres, des faits et des dates, dont le programme lui trace la liste aride et surchargée? Mais non, vous ne le voulez pas, tous ceux qui ont qualité pour parler au nom de l'Université, dans les lettres ou dans les sciences, protestent contre ces méthodes mécaniques, et c'est justement le reproche qu'ils font aux programmes d'y trop asservir le professeur.

Pas plus qu'en philosophie, quand il s'agit d'enseigner l'histoire, il ne peut être indifférent de savoir comment le maître l'entend : s'il y découvre, comme Bossuet, la « suite de la religion », à travers celle des temps et des empires, et, dans ce magnifique ensemble, l'effet des « conseils de Dieu », ou s'il y voit seulement, comme Michelet (pour emprunter l'expression de M. Jean Brunhes, à qui l'Académie a donné l'année dernière le prix d'éloquence), la « suite de la Liberté », l'aveugle main de la fatalité, ou l'inévitable effet des causes géographiques, moins encore, un simple cas pathologique, le Louis XIV avant et après la fistule, le François Ier avant et après l'abcès.

Pas plus que des origines et de la fin de l'homme, il n'est indifférent de savoir dans quel esprit, avec quelle orientation générale des idées, le maître parlera de Clovis et de la conversion des barbares, de Mahomet et des croisades, du moyen âge et de l'Europe féodale, ou de la révolution religieuse et politique du seizième siècle.

« Il ne suffit pas, pour définir une éducation, disait M. Léon Bourgeois, alors ministre de l'instruction publique, dans son discours pour la distribution des prix du concours général, en

1890, il ne suffit pas de dresser le programme des matières à enseigner; ce qui caractérise une pédagogie, c'est l'esprit dans lequel ces matières seront enseignées... »

*
* *

Voilà bien la vérité et pourquoi l'enseignement est une partie essentielle de l'éducation. Ce discours, je voudrais pouvoir vous le citer presque tout entier : il est d'abord très éloquent et il vient, ensuite, admirablement dans mon sujet. M. Léon Bourgeois l'a intitulé, dans son volume de *l'Éducation de la démocratie française :* « Le jeune Français de l'avenir », et il se termine par un portrait de ce que sera « le jeune Français de demain, le citoyen de notre république aux premiers jours du siècle qui va s'ouvrir ». Il y a là deux pages très belles et très suggestives. Le jeune Français de demain est agile et vigoureux, il sait suffisament la physique, la chimie et l'histoire naturelle; il a appris l'histoire de l'humanité; il connaît les ancêtres de sa pensée, depuis ceux de la Grèce et de Rome jusqu'à ceux de sa patrie, qui l'ont éveillée, au souffle de la Réforme, de la longue nuit du passé, puis affranchie à la voix de Voltaire, pour la porter enfin, par la Révolution, à l'épanouissement où il la voit aujourd'hui, plein d'une noble fierté : et, comprenant la grandeur du dépôt sacré qui lui est confié, il jure de le livrer intact à ses enfants pour qu'ils puissent « se dire les fils respectueux et reconnaissants de la philosophie et de la science modernes et libres citoyens de la France républicaine ».

J'ai résumé de mon mieux ces deux belles pages, sans en rien omettre d'essentiel, et il me faut bien dire que si la forme en est brillante, le fonds m'en a laissé singulièrement songeur. Voilà donc le Français de l'avenir ! Sait-il quelque chose de son âme, de ses origines et de sa fin ? Oui. Emporté par le mouvement oratoire, je n'y avais pas pris garde ; en relisant mieux, j'ai compris que la chimie ou l'histoire naturelle lui ont appris « les combinaisons multiples de ces innombrables corps composés dont la trame continue forme tout ce que découvrent nos yeux, comme il en est formé lui-même... » ; « comment les corps vivants, et le sien même, s'accroissent, se forment et se dissolvent... » ;

et comment aussi s'est développée en lui la pensée, « terme dernier et point de conscience de cette longue évolution ». De la création, de l'immortalité de l'âme, de Dieu, du christianisme, du baptême de Clovis et des grands gestes accomplis par la France, au nom du Christ, dans l'histoire du monde, des impérissables traces, enfin, de la pensée religieuse dans les arts et dans les lettres, il ne sait rien. Il a rencontré l'Europe chrétienne, et elle lui a appris la pitié. C'est tout!

Eh bien, je demande si ce jeune Français, c'est celui que rêvent, pour demain, les parents catholiques; je demande s'ils le veulent ainsi, pour eux, pour lui-même et pour la grandeur de la patrie; si c'est fortifié seulement par cette hygiène, armé seulement de ces connaissances physiques et naturelles, ayant cette notion des origines de la France et de sa marche à travers les siècles, cette conception des effets de la Réforme, du génie de Voltaire et des doctrines de la Révolution, je demande si c'est ainsi qu'ils rêvent de voir leur fils s'avancer dans la vie, et si c'est là le dépôt sacré qu'ils lui veulent confier.

M. Léon Bourgeois a le droit d'avoir cet idéal. Il ne peut pas me l'imposer, ni vous, ni M. Leygues, ni personne. M. Bourgeois le sait bien, et c'est pourquoi il s'est déclaré, comme M. Poincaré, devant la commission de l'enseignement, partisan de la liberté.

Dans un autre discours, au concours général de 1892, il l'a dit expressement : « L'Université n'impose son enseignement à personne. » Il le disait au nom de l'Université elle-même, et je crois très sincèrement que, dans la très grande majorité, elle ratifie son langage. Elle le ratifie précisément parce qu'elle comprend à merveille, et nul ne l'a mieux démontré que M. Bourgeois, que l'enseignement est, avant tout, une œuvre d'éducation.

*
* *

Mais vous-même, Monsieur le Président du Conseil, vous, Monsieur le ministre de l'instruction publique, que prétendez-vous donc, que voulez-vous par votre projet de loi, si ce n'est, sur tous ces grands sujets, dicter à la jeunesse une doctrine, une critique, des opinions déterminées ?

M. Aulard, qui est un des plus chaleureux défenseurs du projet sur le stage scolaire, un défenseur avant la lettre, car il le demandait bien avant que vous ne l'eussiez proposé, M. Aulard l'expliquait très bien dans une conférence faite à la Sorbonne, sous le patronage de la Ligue de l'enseignement, et publiée dans la *Revue bleue* du 22 avril 1899 : « Quand ces jeunes gens auront entendu nos professeurs d'histoire et de philosophie, qaund on leur aura lu le vrai Descartes, le vrai Pascal, le vrai Voltaire, quand on leur aura enseigné la véritable histoire de la Révolution française, doutez-vous qu'ils ne sentent s'éveiller en eux l'esprit critique ?... »

J'aurai certainement, en avançant dans la discussion, l'occasion de m'expliquer avec M. Aulard sur ce vrai Descartes, ce vrai Pascal et ce vrai Voltaire, aussi bien que sur la « pédagogie congréganiste » qui « *dévirilise* » les jeunes esprits ; en même temps, je lui demanderai de me dire ce que c'est que la véritable histoire de la Révolution française.

Il est vrai qu'il me répondrait peut-être, comme cet historien dont a parlé M. Lavisse, dans ses *Questions d'enseignement national* : « Pour venir m'interroger sur l'histoire de la France, attendez qu'elle soit faite », et M. Lavisse l'en approuverait sans doute, car il est d'avis que nous avons « une façon qui n'est pas la bonne » de nous intéresser à notre histoire, particulièrement à celle de la Révolution, parce qu'en cette matière « nous sommes des polémistes », et que « la vérité court risque de subir des attentats au cours des polémiques ».

Cette histoire, cependant, on l'enseigne à nos enfants, et j'ai bien quelque droit, sans doute, à défaut de M. Aulard, de demander aux chefs de l'enseignement public en France, à M. le ministre de l'instruction publique et à vous-même, qui avez pris la responsabilité de son projet de loi, comment vous l'entendez. Est-ce, par exemple, comme M. Millerand, et M. Millerand l'entend-il comme M. Jules Guesde ? Un jour qu'à la tribune de la Chambre, je m'efforçais de montrer que le socialisme se rattachait mieux à Babeuf et à la Conjuration des Égaux qu'aux constituants de 1789, M. Jules Guesde m'interrompit en me disant : « Nous acceptons ce patronage ». Il est un grand partisan de la Révolution; vous aussi. Enseignez-vous son histoire de la même façon et tirez-vous des principes de 1789 les mêmes conséquences ?

Je sais des républicains parfaitement corrects qui sont très attachés à cette date de 1789, et très ennemis d'une autre, également illustre dans l'histoire de la Révolution, celle de 1793. M. Jules Simon était du nombre : il soutenait, et avec beaucoup de force, que l'histoire véritable de la Révolution était celle de 89, que 93 l'avait détournée de son cours. Est-ce l'avis de tous les républicains ? M. Clemenceau tient pour le bloc.

J'en connais pour qui Danton est le grand homme par excellence de la Révolution et Robespierre son pire ennemi; il en est probablement quelques-uns, *rari nantes*, qui préfèrent Vergniaud et les girondins : lequel est en possession de la vérité ? M. Aulard lui-même, égayant la commission d'enseignement avec l'histoire d'un pauvre élève des Jésuites qui, pour se faire bien voir, lui citait Marat comme l'un des meilleurs citoyens de l'époque révolutionnaire, nous dit que, selon lui, certains faits contredisent cette appréciation : il y a des républicains certainement qui l'en blâment et qui estiment Marat un très grand homme.

Qui croire? et quelle est la véritable histoire? Je le demanderai, dis-je, à M. Aulard, mais par simple curiosité, non pour contester son droit de juger à sa manière l'histoire révolutionnaire. Je le lui reconnais et je prétends garder le mien. Seulement son autorité m'est très précieuse quand il dit : « Il faut que les jeunes gens entendent nos professeurs d'histoire et de philosophie pour que leurs esprits soient formés d'une certaine manière. »

C'est bien cela, tout à fait cela, et nous sommes d'accord.

Et maintenant, Monsieur le Président du Conseil, je reviens à ma question : que voulez-vous dire, quand vous écrivez dans votre Exposé des motifs : « Les familles conserveront la faculté de confier l'éducation de leurs enfants à des maîtres de leur choix?... »

Vous voyez bien que non, et que j'avais raison, que c'est le pire des sophismes, et qu'en réalité la mainmise pendant les trois dernières années d'études sur l'instruction de l'enfant, c'est la mainmise sur son esprit, sur son intelligence et jusque sur son âme.

II

Je n'aperçois pas de plus odieuse tyrannie. Et pourtant, Monsieur le Président du Conseil, vous avez fait davantage. C'est ici qu'il faut revenir à votre article 3.

« Si les directeurs des pensionnats libres qui veulent faire accomplir par leurs élèves le stage scolaire, ou les personnes qui sont employées dans ces pensionnats appartiennent à une association, ils devront justifier que cette association a été constituée conformément aux lois qui régissent la matière. »

Par ces mots « conformément aux lois qui régissent la matière », dites-vous dans l'Exposé des motifs, vous entendez vous en rapporter à la loi du 15 mars 1850 et au projet de loi sur le contrat d'association déposé par le gouvernement.

J'observe, d'abord, que vous tombez ici dans une flagrante contradiction. La loi du 15 mars 1850 n'a fait aucune exception pour les associations, quelles qu'elles fussent, dans l'usage de la liberté d'enseignement. Et cela ne résulte pas d'un oubli ou seulement du silence de la loi : cela est établi par une décision formelle, par un vote explicite, rendu à la suite d'une discussion très importante. M. Bourzat avait déposé un amendement ainsi conçu :

« ART. 1er. — Nul ne pourra tenir une école publique ou libre, primaire ou secondaire, laïque ou ecclésiastique, ni même y être employé, s'il fait partie d'une congrégation religieuse non reconnue par l'État. »

« ART. 2. — Aucune congrégation religieuse ne pourra, d'ailleurs, s'établir que dans les formes et sous les conditions prescrites par la loi. »

C'était, trente ans à l'avance, l'article 7 de M. Jules Ferry : c'est tout votre article 3 d'aujourd'hui, combiné avec votre loi sur les associations. Il n'y a rien de nouveau sous le soleil... ni sous la République.

L'amendement de M. Bourzat fut discuté le

23 février 1850. Son auteur le défendit, naturellement, par une philippique contre les Jésuites, avec le supérieur étranger et la condamnation de l'histoire, Louis XV et Clément XIV, et la morale d'Escobar, et Pascal, et les *Provinciales*, enfin tout l'attirail classique de 1845, qui fut celui de M. Paul Bert en 1879, et que d'autres assurément vont, dans un mois ou deux, remettre en usage. Je vous demanderai même la permission d'examiner, dans une prochaine lettre, cet antique attirail et de le démonter pièce à pièce.

Aujourd'hui, je ne veux parler que de l'amendement Bourzat en lui-même, c'est-à-dire de l'exception proposée contre les congrégations. Ce fut M. Thiers qui répondit à M. Bourzat : je ne puis pas vous citer tout son discours, mais je vous prie d'en méditer, un instant, au moins ces courts passages :

« Je vous demande si, sous le régime des principes existants, on pouvait sérieusement, avec pudeur, venir dire aujourd'hui à un homme qui a prouvé sa capacité et sa moralité : Mais vous appartenez peut-être à telle ou telle congrégation. Je vous demande si ce serait possible... Messieurs, il faut qu'il n'y ait ici aucun doute, aucune obscurité. Un individu, laïque ou ecclésiastique, se présente. Ces deux preuves exigées, par lui faites, on ne peut pas lui demander s'il appartient à telle ou telle congrégation. Cela ne se peut pas. »

Je vous fais grâce des clameurs et des interruptions; nous en entendrons bien d'autres; mais je recommande encore ceci à vos réflexions :

« Je connais les partis, je connais leur sincérité, leur langage; je sais qu'on pose des principes à une condition, c'est de pouvoir les appliquer à soi tout seul. Je sais qu'on veut la république, à condition qu'on en sera les maîtres, qu'on la gouvernera. »

C'était il y a un demi-siècle!

L'amendement de M. Bourzat fut rejeté par 450 voix contre 148.

Voilà la loi du 15 mars 1850; elle ne contient aucune exception contre les associations. Vous ne pouvez pas en parler, si ce n'est pour avouer que vous la détruisez. Quand vous dites, dans l'article 3 de votre projet, que les pensionnats libres ne pourront faire accomplir par leurs élèves le stage scolaire, que si leurs directeurs ou leurs professeurs n'appartiennent pas à une association interdite par les lois qui régissent la matière, vous ne pouvez vous référer qu'à votre propre projet de loi sur les associations.

***

Ce projet, j'en ai dit un mot dans ma première lettre; j'y reviendrai bientôt. Je rappelle seulement qu'il déclare illicite toute association dont les membres renoncent aux droits qui ne sont pas dans le commerce. C'est un délit nouveau contre la morale et les mœurs, le délit de vœu religieux. M. Francis Charmes l'a dit très justement, dans la *Revue des Deux Mondes* du 1er décembre : « Le ministère... dépose dans la loi un principe nouveau qui les (les associations religieuses) condamne toutes, qui doit l'empêcher d'en reconnaître désormais aucune, et conduire inévitablement, ou lui, ou ses successeurs, à retirer l'autorisation à celles qui l'ont déjà obtenue. » Cela est évident. En fait, toutes les congrégations religieuses, quelles qu'elles soient, devenant illicites, aucun pensionnat dont le directeur ou les professeurs appartiendront à l'une de ces associations ne pourra faire admettre ses élèves au stage scolaire.

Voilà qui est clair; et la conséquence forcée, inévitable, c'est que les élèves de *toutes* les écoles secondaires congréganistes, seront obligés, s'ils veulent parvenir à une carrière publique quelconque, de passer leurs trois dernières annés d'études, dans un lycée ou un collège, en qualité d'internes. Car vous n'imaginez pas que d'ici à deux ans, par l'effet de votre volonté, il se sera fondé un nombre d'établissements libres laïques ou du moins non congréganistes, suffisant pour remplacer ceux que vous aurez fermés, ni qu'il y ait, dans ceux qui existent déjà, assez de place et de professeurs pour recevoir les jeunes gens mis sur le pavé. Donc, pour tous ceux-là, c'est l'internat universitaire obligatoire.

D'après la dernière statistique, celle que la Commission de l'enseignement a fait dresser, il y a 143 établissements secondaires congréganistes qui comptent un total de 31,757 élèves. Ainsi, grâce à vous, près de 32,000 jeunes gens vont être lycéens malgré eux et malgré leur famille. Après cela, vous direz sans rire que vous ne portez aucune atteinte à la liberté des parents, et mon honorable collègue, M. Dumont, s'écriera : « C'est la liberté de l'enfant que nous voulons protéger. »

***

La liberté de l'enfant ? Qu'est-ce que cela peut vouloir dire? Depuis que j'ai lu l'expression inattendue de cette étrange théorie, j'y ai beaucoup pensé; je me suis demandé ce qu'elle signifiait et je n'ai pas compris.

Je savais bien que les parents avaient des droits sur leurs enfants, et des devoirs envers eux; j'avais appris que ces droits étaient sacrés et qu'aucune législation ne pouvait prévaloir contre eux, que ces devoirs ne l'étaient pas moins et que la loi n'avait à intervenir que pour empêcher les parents de les méconnaître; j'avais encore appris que, parmi ces devoirs, le premier, pour des chrétiens, était de sauvegarder l'âme de leurs enfants; que s'ils avaient aussi, comme tous, celui de cultiver leur intelligence, ils ne pouvaient jamais sacrifier l'un à l'autre, et que, devant cette formelle prescription de la conscience, la loi, si elle prétendait la violer, devenait sacrilège. C'est ainsi qu'on m'avait enseigné à sauvegarder dans l'âme de l'enfant l'asile même de sa liberté future.

Je savais bien aussi qu'une doctrine s'était produite, il y a cent ans, devenue dès lors chère aux jacobins de tous les temps et qui avait trouvé, dans l'apostrophe de Danton, sa célèbre formule : Les enfants appartiennent à la République avant d'appartenir à leurs parents. Cette doctrine, elle m'apparaissait comme l'expression même de la tyrannie; toutes les puissances de mon cœur se soulevaient contre elle, agitées par le sentiment du droit dont la loi naturelle a gravé la notion dans les âmes; je sentais, à leur protestation, que si l'État, gardien de la vie nationale, peut exiger du citoyen, pour la défendre ou pour l'entretenir, son dévouement, ses sacrifices et jusqu'à son sang, il ne peut, sans prévariquer, l'arracher, avant l'âge d'homme, des mains à qui Dieu l'a confié.

Mais enfin, si antisociale qu'elle me paraisse, en condamnant la doctrine, je puis la concevoir. La liberté de l'enfant, qu'est-ce à dire? A quel moment commence-t-elle? Au berceau, à l'école primaire, ou seulement en rhétorique et en philosophie? M. Dumont connaît-il beaucoup d'enfants qui apprennent par goût personnel le latin, le grec, les mathématiques ou même le français? Ne pense-t-il pas que, si on consultait d'abord leur liberté, ils commenceraient, pour la plupart, par revendiquer celle des champs? Et s'avisera-t-il de consulter la préférence des écoliers pour savoir ce qu'ils pensent du baccalauréat? C'est alors, sans doute, qu'il y aurait une majorité pour sa suppression! Puis, voyons, Monsieur Dumont, il y a autre chose que les leçons dans l'éducation d'un enfant; est-ce que vous trouvez que, pour tout, c'est sa liberté qui doit être la règle? Pour tout? alors, je comprends de moins en moins.

Mais il ne s'agit pas de cela, n'est-il pas vrai? Protéger la liberté de l'enfant, cela veut dire tout simplement empêcher ses parents de l'élever comme ils le veulent, et les forcer à l'élever au contraire, comme vous le voulez. Où est, en cela, sa liberté? Vous ne vous imaginez pas que, parmi ces 32,000 élèves de l'enseignement congréganiste, il y en a beaucoup qui sont là en dépit de leur préférence, et qui, au fond de leur cœur, se sentent attirés par une secrète et impérieuse aspiration vers le lycée? Conformément à la liberté, organiserez-vous, pour le savoir, un scrutin dans les collèges? Non. Alors où est la liberté de l'enfant? Elle n'est nulle part que dans les mots. Il reste celle des parents, qui est outrageusement violée.

Car, veuillez le remarquer, il ne s'agit plus seulement ici de l'éducation intellectuelle. Pour ces 32,000 internes, c'est aussi l'éducation générale qui est en jeu.

⁂

M. Rocafort, professeur de rhétorique au lycée de Nîmes, dans l'avertissement d'un livre tout récent et très intéressant que j'ai sous les yeux : *l'Éducation morale au lycée*, s'exprime ainsi :

« Comment il faut saluer, tenir son couteau ou sa fourchette, quelque importance qu'il convienne d'attribuer à ces règles de la civilité puérile mais honnête, cette manière d'entendre l'éducation n'est pas celle qui nous occupe en ce moment. L'éducation morale de leurs enfants, voilà ce que je suppose que les familles demandent aux maîtres auxquels elles font l'honneur de les confier. »

La question est excellemment posée. Il s'agit de l'éducation morale.

Eh bien, Monsieur le Président du Conseil, je ne veux écrire ici aucune parole qui paraisse une attaque contre l'Université. Je sais tout ce qu'elle compte de maîtres éminents, de bonnes volontés ardentes et généreuses ; je prétends ne rien méconnaître de ses mérites ; en parlant tout à l'heure de son enseignement, j'ai pleinement reconnu le droit des professeurs, revendiqué même, pour eux, toute l'indépendance que réclame leur dignité, me bornant à demander pour les familles un semblable privilège ; de même, en examinant quelle éducation morale offrent à celle-ci les établissements publics, je ne ferai que des constatations, invoquant les propres témoignages de l'Université et reconnaissant, d'ailleurs, que, si ses efforts demeurent trop souvent impuissants, la faute en est aux institutions bien plutôt qu'aux hommes.

Vous avez certainement parcouru l'enquête instituée par la commission d'enseignement, et dont la direction fait un si grand honneur à

M. Ribot. M. le Ministre de l'instruction publique, en tous cas, la connaît à fond, puisqu'il est occupé, à l'heure ou j'écris, à en discuter les conclusions avec la commission.

Sur cette question capitale de l'éducation morale, l'enquête est pleine des aveux les plus sincères, des plaintes les plus pressantes.

L'éminent vice-recteur de l'Académie de Paris, M. Gréard, connaissait bien à l'avance toutes ces critiques ; il savait bien qu'elles allaient éclater et qu'elles viendraient, non pas de l'enseignement libre, mais de l'Université elle-même ; et, voulant les réfuter, il les a résumées dès le premier jour avec un accent douloureux : « Nous sommes tout simplement incapables de donner l'éducation. Nos chefs d'établissement, nos proviseurs, n'en ont ni le temps, ni le goût, ni l'aptitude. Les professeurs ne se croient pas tenus de s'en occuper, les répétiteurs s'en dispensent... » De fait, en dépit des protestations de M. Gréard, nous avons, pendant trois mois, entendu, et des bouches les plus autorisées, tout ce qu'il annonçait.

Mon ami, M. de Lamarzelle, a donné, dans le *Correspondant* du 10 décembre, un aperçu complet de ces dépositions accumulées. Ceux qui ne peuvent pas lire les cinq volumes de l'enquête devraient au moins lire son étude : elle éclaire parfaitement la situation. Tous, depuis les plus illustres : membres de l'Institut comme M. Lavisse, M. Brunetière, M. Berthelot ; anciens ministres comme M. Rambaud, M. Poincaré, M. Léon Bourgeois ; jusqu'aux plus modestes fonctionnaires de lycée ou de collège, ont ouvert devant la commission ce grand procès, et je ne sais rien de plus frappant, de plus saisissant, que le spectacle de cet effort universel, de plus poignant aussi quand on songe quel en est l'objet sacré.

C'est M. Boutroux, membre de l'Institut, professeur à la Faculté des lettres de Paris, qui constate, — et, cependant, il se garde de tout pessimisme, — que le « régime du lycée ne forme pas suffisamment le caractère », et il ajoute que les élèves « ont souvent une morale à part où les notions du bien et du mal sont bouleversées ». C'est M. Morlet, censeur à Rollin, qui déclare que, pour cette tâche si délicate de l'éducation, qu'il définit par ces mots : « amener un élève à vouloir obéir », nos maîtres sont insuffisamment préparés : et, dans un rang inférieur de la hiérarchie, M. Péquignat, licencié de philosophie, répétiteur divisionnaire au lycée Henri IV, dit : « Au point de vue moral, il n'y a pas d'éducation, de direction. Nous n'avons pas, dans l'Université, de doctrine morale, comme nous n'avons pas de doctrine universitaire : nous n'enseignons rien de précis sur ce point important. » M. de Lamarzelle a déjà cité cette déposition : je la cite cependant à mon tour, parce qu'elle est particulièrement frappante. Voilà le mal, dénoncé presque crûment, non par un des nôtres, mais par un fonctionnaire de l'Université qui sait, apparemment, ce dont il parle.

***

Ce n'est qu'un répétiteur, dira-t-on ; mais sa déposition n'en est que plus grave. Car c'est au répétiteur qu'incombe, par la surveillance, la plus large part de l'éducation. Que les professeurs doivent aussi y être associés, nul n'en doute, et là, précisément, est la question qui fait le tourment de l'Université.

M. Henry Bérenger, qui n'est pas professeur, mais qui fut maître répétiteur, l'a posée devant la commission avec quelque dureté : il dit qu'un lycée est une grande bâtisse où les enfants sont confiés à trois groupes d'hommes, des administrateurs qui administrent, des professeurs qui professent, et des surveillants qui surveillent. Et, sous cette forme humoristique, il met bien le doigt sur la plaie, sur ce qu'il appelle le duel entre les professeurs et les répétiteurs : « Le professeur est un homme qui enseigne sans surveiller, le répétiteur est un homme qui surveille sans enseigner. Additionnez le professeur et le répétiteur, vous ne faites pas un éducateur. »

Ce duel, c'est-à-dire cette séparation des professeurs et des répétiteurs, c'est en effet le cœur du sujet. Tout le monde y est revenu; et M. Gabriel Monod demandant que « les répétiteurs fussent associés plus directement à l'enseignement, et qu'un certain nombre des professeurs des classes élémentaires fussent chargés d'une part de surveillance »; et M. Berthelot se plaignant que ce fussent « deux mondes séparés »; et M. Victor Bérard, maître de conférences à l'École supérieure de la marine et examinateur d'entrée à l'École navale, qui s'est montré si sévère, ou si sincère, à l'égard des lycées de province dont, dit-il, la moitié marche très mal, un quart à peu près mal, un huitième tant bien que mal, dix ou douze à peu près bien, et qui voudrait, lui aussi, que, pour l'éducation, « on combinât les fonctions de répétiteur et de professeur. »

Combiner les fonctions de répétiteur et de professeur, associer le professeur à l'œuvre de l'éducation, par exemple, comme le demande M. Boutroux, en organisant, sous la direction des maîtres, des promenades intéressantes; inviter le répétiteur à remplir, comme le dit encore M. Boutroux, « la fonction que leur titre même leur impose, en répétant aux enfants les leçons données par les professeurs »; oui, c'est ce que tout le monde réclame, mais il faudrait pour cela, entre les professeurs et les répétiteurs, des relations qui n'existent pas. Mon honorable collègue M. Couyba, l'a dit à la commission : « Lorsque j'étais répétiteur, c'est à peine si j'ai trouvé un professeur sur vingt qui voulût me serrer la main! » Et puis, il y a autre chose encore : « Il faudrait, dit le recteur de Grenoble, vaincre l'indifférence des professeurs, il faudrait surtout vaincre la résistance des proviseurs et principaux qui verraient sans doute d'un œil jaloux cette intrusion des professeurs dans la vie tout à fait intime de leur maison » : Et du reste, « jamais, dit un inspecteur de l'Académie de Caen, jamais les professeurs ne consentiront à remplir, partiellement même, l'office de répétiteurs. » Il y a à cela de très bonnes raisons et très légitimes. Pour demander ce surcroît de travail aux professeurs, il serait, déclare M. Chamard, professeur au Havre, nécessaire « d'augmenter leurs traitements »; car, remarque M. Diomard, professeur à Auch, « les professeurs sont des fonctionnaires ayant une famille, et non des moines pouvant vivre continuellement au milieu de leurs élèves. »

Ah! voilà le grand mot lâché! Les professeurs ne sont pas des moines pouvant vivre continuellement au milieu de leurs élèves. Eh non! M. Gabriel Monod, membre de l'Institut, et protestant, ce qui n'est pas pour amoindrir son autorité dans la République, vous l'a bien dit : « Ceux qui ont vu d'un peu près les établissements ecclésiastiques savent que les prêtres qui jouent le rôle de surveillants, d'abord font très souvent partie de l'enseignement, sont en même temps professeurs, et que, de plus, ils se mêlent beaucoup plus que nos maîtres d'étude à la vie des enfants. »

Et un autre, qui n'est pas un clérical, mais qui est en revanche un illustre savant et, avec cela, un ancien ministre, M. Berthelot, secrétaire perpétuel de l'Académie des sciences, l'a dit plus fortement encore, en parlant des deux mondes séparés que forment les professeurs et les répétiteurs : « Je crois précisément que c'est parce que cette barrière n'existe pas dans l'enseignement congréganiste qu'il a souvent plus de succès auprès des familles et des élèves ! » Je le crois aussi, et, vous, Monsieur le Président du Conseil, comprenez-vous alors pourquoi tous les projets de loi seront impuissants à remplacer la confiance qui, dit-on, se gagne mais ne se commande pas.

J'ai cité le livre de M. Henri Marion, *l'Éducation dans l'Université*. Il tend tout entier à cette fin qu'il faut « mettre l'éducation qui se donne dans les maisons de l'État au-dessus de toute critique de bonne foi. » Son livre est de 1892. L'enquête est de 1899. Sept ans ! La critique de l'éducation universitaire en remplit toutes les pages : elle ne vient pas de nous, mais des membres les plus éminents comme les plus modestes de l'Université; on ne peut pas l'accuser d'être de mauvaise foi.

Et tandis que j'écoutais, à la commission, toutes ces dépositions, des souvenirs se pressaient à mon esprit, des souvenirs d'il y a vingt ans. Dans ce temps-là, j'avais l'honneur de discuter avec M. Jules Ferry et je l'entends encore (il s'agissait de la création d'un certificat d'aptitude pédagogique) : « Le chef d'établissement n'est pas seulement un professeur, c'est un directeur d'études, un éducateur. Eh bien, nous nous sommes demandé, nous nous demandons, si l'on ne pourrait instituer dans ce pays un examen d'État, un examen d'éducateur. »

Toujours la même question, il y a vingt ans comme il y a sept ans, comme aujourd'hui. Et le problème apparaissait déjà sous la même forme : comment faire des éducateurs? On nous dit : « Il faudra augmenter les traitements! » Et, en 1879, M. Jules Ferry s'écriait : « C'est une question d'argent et pas autre chose! » Mais non, rien moins que cela. Avec de l'argent, on peut avoir de bons professeurs, parce que c'est une carrière comme les autres; on n'a pas de bons éducateurs. Il faut autre chose.

***

M. Mézières, que je ne saurais remercier assez hautement de son ferme langage, et qui ne peut pas être soupçonné de malveillance à l'égard de l'Université, M. Mézières a dit cette grave parole :

« Ce qui manque à l'Université pour l'éducation, c'est le principe de dévouement et d'obéissance disciplinaire qui inspire les congrégations religieuses. » Et, après avoir fait l'éloge des maîtres répétiteurs, de leur sérieux, de leur attachement à leur devoir, il constate qu'ils sont préoccupés avant tout de leur avancement : il ne leur en fait pas reproche, mais il ajoute :

« Il y a loin de l'esprit d'ambition légitime des maîtres répétiteurs à l'esprit d'abnégation que développe, qu'entretient l'esprit religieux. »

L'esprit d'abnégation ! parole décisive ! c'est lui, et non le traitement ou le débouché, qui fait l'éducateur.

Cet homme qui, la soutane retroussée, joyeusement, de tout son cœur, se mêle aux jeux des élèves, qui n'en a pas de honte ni d'ennui, car il sait bien, comme dit Montaigne, que « les jeux des enfants ne sont pas jeux, et les faut juger en eux comme leurs plus sérieuses actions »; cet homme qui couche au dortoir, debout avant les autres, se levant la nuit, dans les plus grands froids de l'hiver, pour arroser d'eau la patinoire du lendemain, cet homme qui, cependant, porte en lui peut-être l'âme d'un lettré ou le cerveau d'un savant, ce qui l'anime, c'est l'esprit d'abnégation.

Il sait, — je cite ici un petit manuel pratique du surveillant, intitulé : *la Discipline dans quelques écoles libres*, par le P. Barbier, — il sait « qu'il lui faut se montrer assez fort pour se faire obéir, assez doux pour se faire aimer, être auprès des élèves, pendant l'année entière et à chaque instant du jour, la voix de l'ordre, de la discipline, du devoir, de la vertu »; il sait « qu'il aura des fatigues, des ennuis, des froissements de toute sorte à surmonter; que son amour-propre n'aura point de satisfactions; que les détails matériels absorberont les forces de son intelligence », et dans cette tâche, souvent ingrate, toujours ardue, ce qui le soutient, c'est l'esprit d'abnégation.

Et l'esprit d'abnégation lui-même, M. Mézières vous a dit où on le puise : dans l'esprit religieux, c'est-à-dire dans l'amour de Dieu, le dévouement au prochain et l'obéissance à la règle.

Esprit d'abnégation, esprit religieux, voilà donc le dernier mot, et ce n'est pas moi qui l'ai prononcé.

⁂

Ce mot, il y a des milliers de familles qui le portent écrit dans le secret de la conscience, qui le répètent dans l'intimité du foyer, à l'heure, grave entre toutes, où il s'agit de décider à qui sera confiée l'éducation de l'enfant : des milliers de familles, et non pas seulement catholiques, mais des mères tremblantes pour l'âme qu'elles ont formée, des pères troublés de leurs propres incertitudes, lassés de leur propre incroyance. Pères et mères interrogent anxieux ; l'écho leur est venu des inquiétudes, des aveux de l'Université, de cette publique confession d'impuissance éducatrice, et aussi celui des doctrines contradictoires, qui se heurtent en cette Babel où chacun, dans sa langue, travaille à chercher la vérité. Tout à coup, parmi ces alarmes, le bruit se répand de vos projets ; les familles n'auront plus la liberté du choix ! Cette éducation inorganisée, cet enseignement flottant, ce sera l'universelle obligation.

Et vous croyez qu'il n'y aura pas, dans les consciences, quand on vous aura bien compris, une indignation et une révolte ? Mais quelle idée vous faites-vous d'un père ? Quelle idée d'une mère ?

Quoi ! tout vous manque, et non pas seulement l'éducation, mais les ressources matérielles. Vous n'avez pas assez de lycées, pas assez de collèges, pas assez de maîtres ! A Paris et dans les grandes villes, les professeurs sont surchargés, les classes sont trop nombreuses ; le temps, la place, font défaut ; dans le trésor obéré, il n'y a plus d'argent pour un surcroît de constructions et de personnel. En cet état, vous prétendez doubler, dans ces classes qui débordent, le nombre des élèves, entasser, dans ces collèges trop étroits, 32,000 pensionnaires de plus!

Et vous pensez que cela se fera sans résistance! Quelle opinion avez-vous donc de l'Université, et quel souci de sa dignité? Quel dédain du bon sens public? La politique vous aveugle-t-elle à ce point?

III

La politique! je dis bien. Car, à toute cette lettre, je sais, j'entends votre réponse. On l'a faite, pour vous, à la Chambre et ailleurs.

Il ne s'agit pas d'une loi sur l'enseignement, ni sur l'éducation, il s'agit d'une loi politique.

« Le gouvernement est seul responsable de ses collaborateurs devant le pays », avez-vous dit, et, en vertu de cette responsabilité, vous voulez assurer, comme vous l'entendez, non pas seulement le recrutement, mais l'éducation de ceux que vous appelez vos collaborateurs.

Il faut aller au fond de cette prétention. Vous l'expliquez par cette phrase, qui est la première de votre Exposé des motifs :

« Il doit y avoir entre l'État et ses collaborateurs une communauté de sentiments et de vues sur les principes fondamentaux de la Société et de l'État. »

C'est une grave déclaration : tous les mots veulent en être pesés, car elle engage des principes et elle emporte des conséquences.

D'abord, qu'est-ce que l'État? Entendez-vous la collectivité française, l'ensemble de la nation ou celui seulement des pouvoirs publics? Entendez-vous la République, conception abstraite de la Société, ou la République, telle que nous la voyons au 1er janvier 1900?

La question vaut d'être examinée, car, suivant qu'on y répondra, les principes fondamentaux de la Société, et même les institutions politiques, pourront s'entendre de diverses façons et, puisqu'il s'agit d'accord, de communauté des sentiments et des vues, la chose est d'importance.

Il y aurait aussi intérêt à savoir ce que vous appelez les collaborateurs de l'État. Ils sont nombreux et divers. Les ministres me paraissent être les premiers d'entre eux. Observez, je vous prie, Monsieur le Président, qu'on peut être ministre sans examen, sans grade d'aucune sorte. Faudra-t-il cependant avoir été élevé dans un lycée? Jetez les yeux sur le banc ministériel, et, j'ose dire, rentrez en vous-même avant de me répondre.

Puis, au-dessous de ces premiers et principaux collaborateurs de l'État, il y en a d'autres, de nature variée, ceux-ci désignés par le concours, ceux-là même choisis sans aucune condition d'examen, des ambassadeurs, par exemple, ou des gouverneurs de l'Algérie et de l'Indo-Chine; faudra-t-il désormais qu'ils aient étudié dans les lycées, et si M. le garde des sceaux ayant mené à bonne fin les affaires de la Haute Cour, M. le ministre des finances ayant rétabli l'équilibre dans les finances de l'État, il vous paraissait utile, ou, comme il y en eut d'illustres exemples, à vos successeurs, de leur confier quelqu'une de nos grandes colonies, faudrait-il y renoncer parce qu'ils furent élevés sur les bancs des Jésuites? Ou bien est-ce que, pour ces hautes fonctions, vous auriez d'autres moyens de constater l'accord désiré? C'est donc que le lycée n'en est point la garantie nécessaire, non plus sans doute que suffisante, témoin M. Drumont, ancien lycéen, dont cependant la communauté de sentiments avec vous paraîtrait peut-être trop incertaine, pour que vous en fissiez un gouverneur de l'Algérie.

La question pourrait être étendue : j'y reviendrai. Mais, pour abréger, supposons d'abord que vous entendez seulement, en parlant des collaborateurs de l'État, les fonctionnaires recrutés par voie de concours.

***

Pour ceux-là, vous exigez que tous les candidats à l'examen spécial soient en accord entier de sentiments et de vues, c'est-à-dire, en fait, sentent, voient, pensent sur les principes fondamentaux de la Société et les institutions politiques, comme... mais, j'y songe, comme qui? comme M. le Président de la République, comme le conseil des ministres ou comme la majorité du parlement? Il faudra le dire. L'irresponsabilité de M. le Président de la République, paraît le mettre hors de cause : puisqu'il n'est pas responsable de lui-même, il ne l'est pas de ses collaborateurs. La majorité du Parlement me semble, sans en médire outre mesure, présenter quelque confusion au point de vue des idées et, par là, peu qualifiée pour faire le programme de l'examen futur sur la communauté des vues. Reste le conseil des ministres. Je voudrais bien assister, derrière un rideau, au conseil où on arrêtera définitivement l'accord sur les principes fondamentaux de la Société auquel devront souscrire les candidats collaborateurs. La propriété individuelle, pour ne citer que celui-là, passe encore pour un principe fondamental de la Société moderne; comment vous entendrez-vous avec M. Millerand? Les jours de Roubaix vont renaître! et si, par impossible, M. Millerand, pour mieux défendre la République, consentait à reléguer décidément le collectivisme dans l'hypothèse, et à sacrifier aux dieux de la propriété bourgeoise, que dirait le comité central de surveillance socialiste, que dirait M. Zévaès et que deviendrait la concentration? Plus de concentration, plus de majorité, plus de gouvernement, et voilà l'État en d'autres mains, avec une autre tête et d'autres pensées : la communauté de vues est renversée, tout est à refaire.

Mais vous souriez et je vous entends. Ce n'est pas de cela qu'il s'agit. Par les principes fondamentaux, on doit comprendre, tout simplement, ceux qu'on appelle immortels.

Je crois qu'il faut interpréter ainsi la glose de M. Aulard, qui fut, comme j'ai dit, votre commentateur le plus abondant. J'ai cité la conférence qu'il fit à la Sorbonne, le 15 avril de cette année : je ne m'en lasse pas, car, de cette tribune presque officielle, il annonça le projet scolaire, dont M. Leygues, déjà ministre alors, ne parlait pas encore, et qu'il devait signer six mois plus tard.

M. Aulard, à la Sorbonne, s'est fort défendu de prétendre, par son vœu, inquiéter les consciences : « Quelle que soit, dit-il, l'opinion d'un Français sur le problème de la destinée humaine, quels que soient son culte, son dogme, sa confession, nous ne l'excluons pas des fonctions publiques. » Car M. Aulard veut bien, — c'est vraiment trop d'honneur! — admettre que, par un bienheureux illogisme, il y a des catholiques qui sont de passables patriotes et qui à l'occasion, se feraient tuer pour la France! Cela tient à certaines « cloisons étanches » que nous avons dans la tête, où Renan les a vues. Il y a aussi des républicains qui croient au dogme catholique et à la Déclaration des droits, et, ceux-là, on ne leur cherchera pas chicane : ils pourront être collaborateurs de l'État. Ah! s'ils ne croyaient pas, ce qui s'appelle croire, à la Déclaration des droits! ce serait une autre affaire : mais ils y croient, et M. Aulard sait qu'il y a là un article VI, dont je vous ai dit un mot, qui ne laisse pas que d'être embarrassant pour lui. Donc, il n'est pas question d'éliminer des fonctions publiques ceux qui, « tout en aimant la patrie telle que l'ont faite les principes de 89 »..... J'arrête ici M. Aulard : ce n'est pas dans la Déclaration des droits, et on peut aimer la patrie tout court, avec son patrimoine quatorze fois séculaire, sans cesser, j'imagine, d'être un bon Français. Vous le voyez, nous voilà retombés dans l'histoire, où je vous ai montré qu'il serait si difficile d'établir un accord de doctrine, même avec M. Aulard; même sur le sujet des principes immortels. Songez que Taine n'eût pas pu être votre collaborateur !

***

Serrons encore un peu notre sujet. M. Aulard dit qu'on ne songe point à inquiéter les gens sur ce qu'ils pensent du problème de la destinée. Alors pourquoi voulez-vous qu'ils fassent, d'une certaine manière, leurs études philosophiques ? J'ai montré, par quelques exemples, que la philosophie ne peut pas ici rester indifférente. Qu'espère-t-on, quand on impose en ces matières aux futurs fonctionnaires des maîtres déterminés, sinon de leur façonner l'esprit? M. Aulard le dit ailleurs et j'ai justement invoqué son autorité. On songe donc bien à éliminer des fonctions ceux qui n'auront pas reçu cette formation particulière. Pourquoi s'en défendre? C'est qu'on craint, par un aveu, de trop émouvoir l'opinion. On a raison : ces coups-là ne se font qu'en marchant dans l'ombre. Mais vous vous cachez mal. On vous voit.

Ce que vous demandez, ce n'est pas, comme tous les gouvernements en ont le droit, et comme c'est leur mission d'y veiller, que tous les agents de la puissance publique servent l'État avec loyauté et fidélité, c'est-à-dire en respectant la constitution et les lois, en obéissant à leurs chefs et en accomplissant tous les devoirs de leur profession. Car vous savez à merveille que, là-dessus, ceux dont vous voulez vous défaire sont invulnérables. Vous ne ferez, sur ce point, aucune preuve contraire, je vous l'ai dit et je vous le répète.

Ce que vous voulez, ce n'est pas la loyauté de la conduite, c'est la servitude de l'esprit : vous voulez qu'on pense comme vous trouvez qu'il faut penser.

Je dis vous, mais c'est me faire mal comprendre : je veux dire comme pense une majorité d'hommes, sans lesquels vous ne pouvez rien, que le suffrage universel a commis à la confection des lois, et c'est bien assez, mais non à l'inquisition des consciences. M. le général de

Galliffet ne tombe pas dans ces confusions : il a dit à la Chambre : « La discipline des actes, la discipline des paroles, j'en suis responsable ; la discipline des consciences, je n'en suis pas responsable. »

On pourrait discuter avec M. le ministre de la guerre sur les actes dont il doit répondre, demander, par exemple, si des officiers placés par leurs relations de famille ou d'amitié « dans une situation à commettre des imprudences », font, en les conservant, un acte incompatible avec leurs fonctions. On pourrait aussi le demander à M. le ministre du commerce, à propos de M. Marcel Dubois, professeur à la Sorbonne, rayé, comme chacun sait, des listes du Conseil supérieur de l'enseignement technique, pour avoir entendu avec plaisir M. Coppée et M. Jules Lemaître. Où l'acte commence-t-il d'être une manifestation illégale de la pensée? C'est une question de mesure. Mais, en soi, l'aphorisme de M. le ministre de la guerre exprime une vérité : il m'apparaît comme votre condamnation.

*
* *

Votre thèse, en effet, c'est que la répression des actes est, pour la défense de la République, une arme insuffisante; il faut y ajouter la formation des esprits, c'est-à-dire le contrôle des pensées. Le respect extérieur du gouvernement établi, l'obéissance effective aux lois, la soumission aux autorités constituées, ne vous semblent pas, pour votre pouvoir, d'assez fortes garanties. Il faut encore, qu'au dedans du cœur, on ait de la République, de la Constitution, des lois et du gouvernement, la même idée que vous-même et vos amis. Il faut davantage : qu'on ait sur les principes fondamentaux de la société, sur la morale et sur l'histoire qui leur servent de bases, les mêmes conceptions que les vôtres. Or, écoutez, je vous prie, comment s'exprimait là-dessus Condorcet. M. Brunetière, dans l'écrit que j'ai cité, observe qu'on a raison de vanter ses *Mémoires sur l'Instruction publique*, mais qu'il faudrait aussi prendre la peine de les lire, et il en extrait ce passage que je recommande à vos méditations :

« On a dit que l'enseignement de la constitution de chaque pays devait faire partie de l'instruction nationale. Cela est vrai, sans doute, si l'on en parle comme d'un fait, si on se contente de l'expliquer et de la développer; si, en l'enseignant, on se borne à dire : « Telle est la constitution établie dans l'État, et à laquelle tous les citoyens doivent se soumettre. » Mais si l'on entend qu'il faut l'enseigner comme une doctrine conforme aux principes de la raison universelle, ou exciter en sa faveur un aveugle enthousiasme qui rende les citoyens incapables de la juger..., alors c'est une espèce de religion politique que l'on veut créer, c'est une chaîne que l'on prépare aux esprits; et on viole la liberté dans ses droits les plus sacrés, sous prétexte d'apprendre à la chérir. »

C'est une chaîne que l'on prépare aux esprits ! Toute ma lettre porte sur cette pensée, qui se trouve ainsi confirmée par l'un des « grands ancêtres » de 1789.

Cette question des fonctionnaires est profonde. Elle se creuse à mesure qu'on y avance. Le droit de l'État et sa limite, le devoir de ses agents et sa nature, y entrent nécessairement.

Et, par là, renaissent les vieilles discussions sur l'unité de doctrine et la liberté d'enseignement, par là aussi le grand débat, jamais épuisé, sur l'unité morale de la nation, la formation des hommes et l'éducation catholique.

J'aborderai tous ces sujets. Mais cette lettre est longue. Il faut en ajourner la suite.

Pour cette fois, Monsieur le Président du Conseil, je vous laisse le soin de commenter, en votre particulier, le langage de Condorcet. Violer la liberté dans ses droits les plus sacrés, vous savez de quel nom s'appelle une telle entreprise. Ce n'est pas moi qui le dirai. Puisque j'ai commencé de vous citer des ancêtres, j'aime mieux vous rappeler comment parle Montesquieu : « Il y a deux sortes de tyrannie : une réelle, qui consiste dans la violence du gouvernement, et une d'opinion, qui se fait sentir lorsque ceux qui gouvernent établissent des choses qui choquent la manière de penser d'une nation. » (*De l'Esprit des lois*, liv. XIX, ch. III, *De la Tyrannie*.)

Vous êtes en train par vos propositions de pratiquer la deuxième sorte de tyrannie : j'espère fermement que vous serez mis dans l'impossibilité de pratiquer la première, et, soutenu par cette confiance, je vous prie, Monsieur le Président du Conseil, d'agréer l'assurance de ma considération la plus haute et la plus distinguée.

TROISIÈME LETTRE

Paris, le 10 janvier 1900.

MONSIEUR LE PRÉSIDENT DU CONSEIL,

Ma deuxième lettre était chez l'imprimeur lorsque j'eus l'honneur d'entendre, à la dernière séance de la commission de l'enseignement, vos déclarations et celles de M. le Ministre de l'instruction publique sur le projet de stage scolaire.

A cette occasion, je pris la liberté de vous adresser quelques questions. Du fonds, j'entends du principe de la loi nouvelle et de ses dispositions générales, je ne voulus rien dire, bien que vos explications, un peu sommaires à la vérité, eussent, comme il était naturel, porté là-dessus. Ce n'est pas l'usage qu'on discute en commission avec MM. les Ministres : on les interroge sur tous les points obscurs, on note leurs réponses et, comme on dit en style parlementaire, on en prend acte.

C'est ce que j'ai fait. Mes questions portaient sur les catégories de personnes que la loi nouvelle frapperait d'incapacité.

I

Vous les écartiez avec quelque dédain, plutôt que vous n'y répondiez. J'aurais voulu savoir exactement qui serait astreint au stage scolaire : ce n'est pas une curiosité vaine; tenez pour certain qu'elle commence à préoccuper beaucoup de familles. Vous me dîtes, et M. Leygues, que les textes étaient clairs, qu'il s'agissait des fonctions publiques pour lesquelles l'enseignement secondaire est requis, voulant, par là, me montrer que le cas des évêques et des curés, fonctionnaires, au gré de M. le directeur des cultes, et assurément rétribués par l'État, n'était pas pour vous embarrasser. J'avais parlé des membres du clergé, en passant, ainsi que des ambassadeurs, des gouverneurs de colonies et de quelques autres encore, pour m'éclairer sur le sens propre des mots, celui de collaborateurs de l'État m'ayant paru confus.

Un de vos journaux officieux m'a doucement raillé de cette inquiétude; c'est la *Lanterne* : elle la trouve, d'ailleurs, superflue, car il se pourrait bien, dit-elle, qu'avant l'application du stage, les évêques et les curés ne fussent plus fonctionnaires, la séparation de l'Église et de l'État ayant été prononcée. Voilà qui arrangeait tout, et je désarme aussitôt, si vous tombez d'accord que la loi scolaire ne sera mise en vigueur qu'après la dénonciation du Concordat. Cela nous donne à respirer, la droite et les ralliés étant là pour vous aider à la repousser.

La *Lanterne* s'égaye aussi d'une question que je vous adressai sur l'École centrale. Elle appelle cela mes « perplexités ». J'en ai, en effet, et beaucoup, et je ne suis pas le seul.

M. le Ministre de l'instruction publique s'est étonné, comme la *Lanterne*, de cette question sur l'École centrale. « Comment? l'École centrale! M. de Mun sait bien que la Convention a fondé certaines grandes écoles spéciales et que l'École centrale n'en est pas; donc, elle n'est pas en cause; nous ne nous occupons que des écoles de la Convention. » Voilà qui est bien; mais c'est justement pourquoi, comme dit la *Lanterne*, j'ai des perplexités.

Car il y a des fonctionnaires qui ont passé par l'École centrale; or, il est entendu que l'État doit exiger de tous ses fonctionnaires, par le moyen du stage, une conformité de vues avec lui : les élèves de l'École centrale n'auront point le stage, donc point de conformité de vues, et les voilà, partant, inaptes à toute fonction publique. La chose ne va pas sans difficulté, d'autant que j'ai étendu mon exemple à d'autres écoles que la Convention n'a point fondées, et dont les élèves peuvent devenir fonctionnaires : telle l'École des mines de Saint-Étienne, l'Institut agronomique, qui conduit aux forêts et aux haras.

Ces haras ont particulièrement réjoui la *Lanterne* : « M. de Mun s'est demandé avec angoisse si les employés des haras pourraient être choisis parmi les jeunes gens qui ont fait leur philosophie chez les Révérends Pères. » Ce n'est pas tout à fait cela : je me suis demandé où l'État les prendrait, puisqu'ils doivent sortir de l'Agronomique, que le stage scolaire n'est point applicable à l'Agronomique, que, cependant, ils sont fonctionnaires, et qu'on ne peut être fonctionnaire qu'avec le stage. Ergotage, proteste la *Lanterne*. Cela est bientôt dit.

J'ai eu d'autres perplexités. Par exemple, j'ai demandé à M. Leygues comment on serait magistrat, puisqu'un magistrat est un fonctionnaire, que les magistrats sont souvent recrutés parmi les avocats, et qu'on est avocat moyennant la licence en droit : est-ce donc qu'on ne pourra prendre sa licence qu'avec un certificat de stage? On a souri, non sans quelque pitié; mais alors? Alors, vous avez dit, Monsieur le Président du Conseil, qu'avant de prendre ses inscriptions de droit, il faudrait prévoir si on veut, un jour, entrer dans la magistrature. On n'a plus ri. Cela est de conséquence, en effet, et nous voilà loin des grandes écoles de la Convention.

Nous sommes loin de bien autre chose encore, en vérité! Un jeune homme s'engage ou il est appelé avec sa classe; il a fait ses études n'importe où; il n'a pas de certificat scolaire; au régiment, il réussit, le goût de la carrière s'éveille en lui, il est sous-officier, il concourt pour Saint-Maixent, ou pour Saumur, ou pour Versailles; il est reçu; un an après, il a le droit d'être sous-lieutenant, le droit, vous entendez, garanti par les décrets constitutifs de l'École; mais il n'a pas le stage scolaire, il ne sera pas nommé. Un autre, hardi, entreprenant, voulant arriver vite et, quelque désir d'aventure peut-être le poussant, est entré dans l'infanterie de marine; le voilà au Tonkin ou au Soudan, dans la rizière ou dans la brousse, au milieu des pirates ou des nègres; il est brave, il se distingue, il est proposé pour le grade d'officier, après un fait de guerre; il revient content, glorieux, plein d'espoir. Ah! il n'a pas le stage scolaire : il ne sera pas nommé.

Avez-vous songé à cela, Monsieur le Président du Conseil?

On m'a appris qu'à la fin de l'ancien régime, en 1781, le maréchal de Ségur, ministre de la guerre, fut contraint par les gens de cour, malgré sa répugnance et ses pressantes objections, à faire rendre un édit, pour réserver les places de sous-lieutenants aux gentilshommes qui feraient la preuve de quatre générations de noblesse paternelle.

C'était une innovation, que n'avait point connue le dix-septième siècle, au temps de Chevert, de Saint-Hilaire et de Fabert; Saint-Simon s'en plaint assez haut : « Le roi a craint les seigneurs et a voulu des garçons de boutique » ; et Voltaire dit dans *le Siècle de Louis XIV* : « ... Des citoyens qui se seraient crus toutefois honorés d'être les domestiques de certains grands seigneurs sont devenus leurs égaux, et très souvent leurs supérieurs dans le service militaire. » L'innovation ne dura pas : en 1787, il y avait dans les douze écoles militaires, outre les élèves du roi, 989 pensionnaires gentilshommes et 799 roturiers. Cependant, l'ordonnance du maréchal de Ségur a fourni à nos contemporains un de leurs plus vénérables clichés, et il est passé dans la langue politique que l'abolition de ce monstrueux privilège fut l'une des conquêtes de la Révolution. Vous savez les beaux mouvements d'éloquence que nous avons là-dessus, tous les ans, devant la statue de Hoche, le sergent aux gardes, qui, sans 89, ne fût jamais devenu officier.

Eh ! mais qu'est-ce donc que vous faites ? Au lieu de quatre quartiers de noblesse, c'est trois quartiers... d'Université qu'il faudra pour être sous-lieutenant. Voilà votre conquête : le rétablissement d'une caste de privilégiés !

La *Lanterne* assure que je cherche la petite bête. Comment faut-il appeler ce que j'ai trouvé ? M. Leygues me dira que le projet ne vise que les carrières pour lesquelles l'enseignement secondaire est requis, et qu'il ne l'est, pour être officier, que si l'on sort de Saint-Cyr ou de Polytechnique.

Est-ce à dire que les fonctionnaires de l'ordre militaire ne seront pas astreints à la « conformité de vues » avec le gouvernement s'ils sortent du rang ? Alors, pourquoi les autres, puisque la fonction est la même ?

Ainsi, ou une caste de privilegiés, les officiers à trois quartiers, ou deux catégories, les officiers conformistes et les non-conformistes !

M. Charles Bos, qui est de vos chaleureux partisans, a déposé tout récemment une proposition de loi aux termes de laquelle, les Écoles polytechnique, de Saint-Cyr et de Fontainebleau étant supprimées, tous les officiers devront avoir passé par le rang, obtenu le grade de sous-officier et subi avec succès les examens de sortie des Écoles de Saint-Maixent, Saumur et Versailles, sauf ceux qui se seront distingués sur les champs de bataille ou au cours de missions périlleuses.

Si cette proposition est votée, de deux choses l'une, ou nul, parmi les engagés ou les appelés, étant devenu sous-officier, ne pourra être admis aux Écoles et être nommé officier, sans posséder le certificat de stage, ou tout le monde pourra prétendre au grade, sans autre condition que celles énoncées par M. Charles Bos. Dans le premier cas, c'est le grade réservé aux privilégiés de la nouvelle noblesse universitaire : dans le second cas, c'est la « conformité de vues » avec le gouvernement déclarée inutile pour tous les officiers. Je n'insiste pas sur les faits de guerre que M. Charles Bos a bien été obligé de prévoir et qui, par l'exception forcée, ruinent tout le système.

Mais, voyez encore, les arguments me viennent d'eux-mêmes des inévitables contradictions où tombent, sans y prendre garde, ceux mêmes qui s'associent à vos projets.

M. Charles Bos, dans la même proposition, préoccupé de remplacer l'École polytechnique, dit que, *désormais*, les ingénieurs de l'État seront pris parmi les premiers numéros de sortie de l'École centrale ou des Écoles d'arts et métiers. M. Leygues proteste que le stage scolaire ne sera pas applicable à l'École centrale, et la *Lanterne* raillait, là-dessus, mes perplexités. Or, M. Charles Bos propose que tous les ingénieurs de l'État sortent de l'École centrale ; s'ils n'ont pas accompli leur stage, que deviendra, pour ceux-là, la « conformité de vues »?

Ainsi l'argument de principe s'écroule dès qu'on passe aux applications. Comme disait M. Thiers : « Quand on a la main sur la vérité, il n'y a qu'à la presser pour la faire jaillir ! »

C'est l'inévitable condamnation de l'arbitraire, que Benjamin Constant appelait, en l'an VI, « ce genre de mort de toutes les institutions, qui se glisse, sous différents noms, dans toutes les formes du gouvernement ». Soyez assuré qu'il attend votre projet de loi.

Peut-être est-ce parce qu'il prévoit ce fatal

destin, que M. le Ministre de l'instruction publique s'est hâté, dit une information répétée, sans démenti, par toute la presse, d'en faire comme une épreuve avant la lettre, en rayant de la liste des concurrents, pour les emplois de rédacteur à son ministère, ceux qui avaient fait leurs études dans les collèges ecclésiastiques.

J'ignore s'il en avait le droit légal et si les jeunes gens, victimes de cette première application de la loi des suspects, ont, contre elle, un recours possible devant le Conseil d'État. Je n'oserais pas leur conseiller d'en essayer ; mais je les engage, puisque, paraît-il, leurs maîtres ne la leur ont pas suffisamment enseignée, à relire la Déclaration des droits de l'homme ; ils pourront alors se charger de l'apprendre à leur tour à ceux qui, aujourd'hui, leur en donnent une leçon si amère.

Il est vrai qu'en attendant, sans gagne-pain, toutes les portes des emplois publics fermées pour eux, ils seront peut-être morts de faim. M. Leygues y a-t-il pensé ?

⁂

A cela, Monsieur le Président du Conseil, vous avez répondu d'avance, l'autre jour, devant la commission, par un de ces mots, charmants dans leur désinvolture, dont vous avez le secret. « Les fonctions publiques, on parle toujours des fonctions publiques ! dirait-on pas qu'il n'y a pas d'autre moyen de vivre honorablement, de se faire une bonne situation, d'occuper utilement, brillamment même ses facultés ? Et voudrait-on, par hasard, créer le droit aux fonctions ? Cela n'est pas compris dans les droits des citoyens ! » Palsambleu ! Monsieur le Président, voilà qui est admirable, et l'on n'est pas plus talon rouge. Qu'a-t-on besoin, en effet, d'être fonctionnaire, quand on a 50,000 livres de rentes, et château aux champs, et hôtel à la ville ? Et ne vaudrait-il pas mieux vivre sur ses terres, de ses rentes et de ses fermages, que de vouloir absolument servir l'État au régiment ou dans la flotte ! Et, si on n'a pas 50,000 livres de rentes, eh bien, on n'a qu'à écrire des livres, à faire des vers, à montrer du talent enfin, et à entrer à l'Institut! Mais quelle rage, je vous prie, d'être fonctionnaire? Ou encore on peut bien être avocat, s'illustrer en de belles plaidoiries, cela mène très loin, et aussi faire des affaires, de bonnes spéculations, cela réussit également très bien! Et le journalisme, donc! qui, dit-on, mène à tout, à condition d'en sortir! Mais pourquoi, pourquoi vouloir être fonctionnaire! L'État ne peut pas employer tout le monde, cela est évident, et on sait assez que ce fonctionnarisme à outrance est une plaie dont s'accordent à gémir tous les sociologues.

Il est vrai et je conviens que comme remède au fonctionnarisme, le stage scolaire est une création d'utilité vraiment sociale.

Mais, pourtant, je ne me sens pas en repos. Car, enfin, me disais-je en vous entendant, il y a, par le monde, chacun peut le voir, une foule de jeunes gens sans fortune, honorables cependant, qui n'ont point de château ni de rentes, capables aussi, quoique sans le talent spécial d'écrire en vers ou en prose, et qui veulent, par nécessité, je vous jure, et non par goût décidé, gagner leur vie, celle de leur famille, dans une carrière où leur avenir soit assuré, brillamment s'il se peut, suffisamment en tout cas, et qui mettent leur vieillesse à l'abri du besoin! Le journalisme? Combien en meurent! Le barreau? Combien sont sans causes! Les lettres? c'est la misère quand ce n'est pas la gloire : et j'en sais, du reste, vous aussi peut-être, dont le pseudonyme connu, quelquefois admiré du public, cache un employé de bureau à qui sa place sert, dans son budget, de réserve permanente et indispensable.

Ces jeunes gens ont envisagé la vie et, avec eux, les parents : on s'est dit que la carrière publique est, après tout, le plus sûr, qu'on vit dans un temps, grâce à Dieu et aux immortels principes, où tout le monde y peut prétendre; qu'on a fait pour cela une grande révolution, que la porte est ouverte à tous, qu'il faut seulement travailler et passer l'examen! Eh bien, on aura du courage, on fera les sacrifices nécessaires, et on réussira. C'est dit. Et voilà l'enfant en route vers la fonction.

Est-ce que je me trompe? Est-ce que je dis quelque hérésie constitutionnelle? Vous vous récriez sur l'abus! et que le droit à la fonction n'existe pas parmi les droits du citoyen ! En êtes-vous sûr ? Sous cette forme peut-être ! Mais l'égale admissibilité de tous aux fonctions ? Cela existe et cela est écrit en toutes lettres dans la Déclaration des droits. Je l'ai dit, je le répète, je le répéterai à satiété : car c'est toute la question. Vous objectez l'excès du fonctionnarisme ! Mais est-ce la faute des jeunes gens si la centralisation démocratique a nécessairement conduit là, et si, pour vivre, quand on n'est pas riche, il n'y a plus guère d'autre moyen ? Faut-il absolument qu'on meure de faim pour corriger l'état social ?

Enfin, il n'y a pas que des pauvres. Les riches, même, ont des droits, dont la Déclaration de 89 ne les a point destitués. Il en est qui prétendent, sentant courir en eux un vieux sang militaire, au lieu d'écouler leur jeunesse dans le plaisir ou l'oisiveté, en consacrer les ardeurs à la patrie sous les conditions communes.

Tout ce monde, sans tant philosopher sur la plaie du fonctionnarisme, réclame le libre exercice de ses facultés de citoyen, qui pour gagner sa vie, qui l'honneur, beaucoup les deux ensemble.

Observez que c'est justement, avec d'autres, l'un des droits de l'enfant, de n'être point privé, par avance, en son jeune âge, de celui que la loi doit garantir à sa virilité. C'est une part de sa liberté, que revendiquent si fortement M. Dumont et quelques autres.

Cependant, à cette foule, brusquement, vous décidez de fermer la porte, et M. Leygues joint l'exemple au précepte.

De quel droit ?

C'est du droit, dites-vous, qu'a le gouvernement d'exiger de ses fonctionnaires certains titres et certaines garanties. Bien. Notre Déclaration des droits l'a dit : « Tous les citoyens sont également admissibles à toutes dignités, places et emplois publics, selon leur capacité et sans autre distinction que celle de leurs vertus et de leurs talents. » Voilà qui est clair, et c'est pourquoi, afin de constater la capacité des candidats aux fonctions, on a, pour chacune d'elles, établi des examens de carrière. Cela est légitime et nul ne s'en plaint.

Ce n'est pas au moins que je trouve parfaite l'universelle méthode des concours dont, il y a cinquante ans, M. Cousin disait qu'on ferait, un jour, des concours d'enfants en nourrice à qui baverait le mieux. Mais je conviens qu'en l'état de notre société, il ne se peut guère trouver de moyen plus pratique de sauvegarder, pour tous, l'égalité des chances, et, partant, celle des droits. Encore faut-il qu'il servent à cela, et la condition première c'est qu'ils soient ouverts à tous, sans autre distinction, selon l'immortelle Déclaration, que celle de leurs vertus et de leurs talents.

Justement, dites-vous, voilà la source de mon droit. Les talents et la capacité, l'examen y peut suffire. Mais les vertus ? qui constatera les vertus, qui jugera, qui décidera de la vertu ? Pour que la Déclaration, comme autrefois la Charte, soitdésormais une vérité, il faut que les candidats aux fonctions publiques justifient de leur vertu.

∴

Tel est aussi le raisonnent de M. Aulard dans sa célèbre conférence, déjà citée, et qui aurait dû servir d'Exposé des motifs à votre projet scolaire : « Est-ce que la Déclaration a dit que tous les Français seraient, de droit, fonctionnaires ?... Elle a, au contraire, indiqué qu'il y aurait une sélection, selon les vertus et les talents. » Je ne me trompais pas : la sélection selon la vertu. M. Aulard, allant à l'objection, comme vous-même, montre aussitôt que ni les examens ni les concours, tels qu'ils sont autorisés, ne suffisent, que le baccalauréat est impuissant « à faire connaître la capacité surtout civique des futurs candidats aux fonctions », car les examinateurs, en leur paternelle faiblesse, — lui-même, il faut bien qu'il l'avoue, — n'ont pas le cœur de refuser ceux qui ignorent la Déclaration des droits de l'homme, et il conclut : « En demandant que ces candidats aux fonctions aient tous passé, pendant un certain temps, par les lycées et les collèges de l'État, que demandons-nous, si ce n'est cet examen plus prolongé, plus sérieux, le seul qui permette à l'État de s'assurer que ses futurs serviteurs ne sont point hostiles aux principes constitutifs de la France moderne et de la République, et qu'ils ne trahiront point l'État ? »

Qu'ils ne trahiront pas l'État ! voilà un très

gros mot, et la réponse vient aux lèvres, avec le dramatique souvenir d'une trahison d'État dont nous portons encore le douloureux fardeau. Je ne la ferai point. Rien, de ma part, ne ramènera dans le grave débat où s'agite le destin des générations futures l'obsession du cauchemar d'où nous sortons à peine. C'est assez que d'autres le veuillent prolonger pour s'en faire une justification de leur tyrannie ! J'ai dit là-dessus, dès ma première lettre. ce qu'il fallait; j'y reviendrai, s'il en est besoin ; mais je n'irai point le premier remuer ces douleurs.

M. Aulard, cependant, n'imagine pas qu'on puisse ainsi laisser passer une si sanglante injure. Il faut aller au fond. Si l'État doit s'assurer, désormais, par le stage scolaire, que ses serviteurs ne trahiront pas l'État, c'est donc que, jusqu'ici, il y en eut qui le trahirent parmi ceux dont la jeunesse ne fut point formée par l'Université. Il faut le dire et le prouver. L'enjeu est trop gros : pour nous, c'est l'honneur de nos fils.

En une forme plus discrète, la question s'est posée à la commission de l'enseignement. Vous vous en souvenez, Monsieur le Ministre.

M. Jacques Piou vous demanda si vous pouviez citer des faits capables d'établir que tels ou tels des fonctionnaires de l'État l'avaient jusqu'ici mal servi. Il y eut un silence ; on attendait votre réponse, elle pouvait être décisive ; un mot précis, une preuve de fait, et nous paraissions confondus. Vous répondîtes que vous n'aviez pas de faits particuliers à indiquer, que c'était une situation générale qui avait inspiré le projet et que, chaque jour, votre conviction s'affirmait davantage au sujet de sa nécessité. Ce fut tout : M. Piou n'ajouta rien, moi non plus, ni personne. La cause était entendue.

Vous avez lu, comme moi, dans Taine, le mot d'un des orateurs du 18 fructidor, rapporté par Barbé-Marbois : « Des preuves ! il n'en faut point contre la faction des royalistes. J'ai ma conviction. » C'est votre réponse, votre stupéfiante réponse. Des preuves, il n'en faut point contre les fonctionnaires élevés par les religieux ! J'ai ma conviction. Des preuves, il n'en faut point pour accuser vos enfants de trahir l'État, et leurs maîtres de les y préparer ! J'ai ma conviction. Cette parole, Monsieur, restera. Elle suffit.

*
* *

Taine, ayant raconté le coup d'État de fructidor, conclut : « Ainsi recommence... la dictature exercée par une centaine d'hommes groupés autour de cinq ou six autres meneurs. » L'histoire renaît, semblable à elle-même. Je ne sais pas qui sont les meneurs ; mais je sais quelle est la centaine de sectaires qui dominent le Parlement et dont vous êtes, avec cinq ou six autres, l'exécuteur.

C'est leur dictature qui commence. Dictature non pas seulement pour l'avenir, où toute une catégorie de citoyens sera mise hors la loi, mais, prenez-y garde, dictature, dès aujourd'hui, la plus outrageante de toutes, dictature du soupçon, contre tous les serviteurs de l'État étrangers à vos écoles, et de qui, sans produire un fait, vous dites qu'ils sont des serviteurs infidèles !

Ces hommes, ce sont des soldats, des ingénieurs, des chefs de service, des professeurs même de cette Université à qui vous faites l'injure d'offrir la protection de votre tyrannie.

Tous les jours, vous les voyez à l'œuvre, vous ou vos collègues, dans le bureau où ils vous apportent leur labeur quotidien, ou bien, dans le patient exercice de leur métier, vous les écoutez, vous leur donnez des ordres, enfin il faut que vous les regardiez ! Le pourrez-vous ? Ces hommes, ils entendent et ils lisent, ils savent ce que vous dites ! Ils ont appris que vous demandiez une loi nouvelle pour garantir à l'État de fidèles serviteurs, à l'État qu'ils servent, depuis dix, depuis vingt ans ! et qu'interrogé si, pour expliquer votre souci, vous aviez quelques faits à citer contre eux, vous avez répondu que votre conviction était faite, votre conviction que le recrutement d'où ils sortent donne de mauvais serviteurs, puisqu'il en faut changer. Vous mesurez, n'est-ce pas, la profondeur de l'outrage. Oh ! ils ne vous diront rien, ne vous demanderont rien, car vous pouvez, d'un geste, briser leur vie. Mais, eux aussi, ils vous regarderont peut-être. Pourrez-vous soutenir cela?

De quoi pensez-vous donc qu'est pétrie l'âme d'un fonctionnaire, si vous croyez que votre parole n'y touche pas au plus vif? Vous vous faites, en vérité, d'étranges illusions. Sachez donc que, dans cette foule de braves gens souffletés de vos soupçons, il y a, au fond des cœurs, une inoubliable meurtrissure. Nul n'élève la voix, car c'est la loi, loi de discipline et loi de nécessité ; les visages sont muets ; car il ne faut rien montrer, la fonction est à ce prix.

Mais ce silence vous trompe et, aussi, cette tranquillité. Qui, hors la coterie des dictateurs, qui n'a reçu, dans l'intimité, la douloureuse confidence de quelqu'un de ces humbles, chargés, bien plus que les ministres, de tout le poids de l'État, seuls étais de sa stabilité dans le hasard de nos gouvernements, et derniers gardiens d'un reste de tradition ? Qui n'a recueilli, derrière les portes closes, la plainte de leur courage fatigué, de leur cœur révolté par la croissante exigeance de la suspicion jacobine, par l'humiliant espionnage de la loge maçonnique ? Qui n'a entendu l'écho du débat affreux, quand les enfants grandissent, entre la conscience impérieuse et l'intérêt menacé ?

Vos amis, Monsieur le Président, se plaignent qu'il y ait, dans les collèges religieux, trop de fils de fonctionnaires, et j'ai recueilli, là-dessus, d'assez haut, d'étranges doléances. « Ce n'est pas tant la proportion de vos élèves dans nos grandes écoles qui nous effraye, que la désertion de nos collèges par les enfants des nôtres. » Cette crise est votre tourment ; pour en chercher les causes, on a rempli pendant deux mois les pages de la *Revue bleue*. Et l'on croit s'être délivré du cauchemar, avec M. Jourdain et ce bourgeois plaisant qui met ses fils chez les Pères pour faire le gentilhomme ! La matière est belle à railler, en vérité.

Ceux qui trouvent, à leur déception, cette consolation facile, piétinent des cœurs et foulent des consciences. Enfermés dans un cercle de politiciens, aux vues courtes, aux préjugés mesquins, aux passions jalouses, desséchés par le long exercice d'un pouvoir sans scrupule et sans grandeur, ils ne savent rien de ceux que la fortune a mis sous leur empire ; ils prennent leur soumission pour leur consentement, et les croient si bien asservis que, les voyant montrer pour leurs enfants quelque indépendance, ils n'y découvrent que la marque d'un autre esclavage, dont la mode infligerait à des roturiers le joug ridicule ! Suprême injure !

J'en ai vu, Monsieur, de ces prétendus courtisans des collèges ecclésiastiques me conter, les larmes aux yeux, l'angoisse de leurs cœurs, dire l'odieuse inquisition qu'ils subissent, pour la messe, pour les amitiés, pour les conversations, et qu'enfin tout cela se peut supporter, mais que pour l'enfant rien n'y fera, car c'est son âme qu'il faut garder; et cela passe tout. Voilà ce qu'ils disent, ces bourgeois gentilshommes !

Et maintenant, parce qu'ils se taisent, croyez-vous que vos projets ne les révoltent pas? Leurs fils, vous le savez, ne pourront s'offrir le luxe de cette protestation vivante contre le fonctionnarisme, dont vous parlez si à votre aise : il faudra bien qu'ils soient fonctionnaires à leur tour, et qu'ils subissent, enfants, la loi qui courbe leurs pères. Vous croyez que ce n'est rien, et qu'on n'en souffrira que dans l'amour-propre mondain. Moi, je pense que c'est, en ces âmes, une irrémédiable blessure. L'homme que j'ai entendu me dire : « Monsieur, si cette loi passe, je n'aurai pour mon fils, dans la ville où je suis fonctionnaire, qu'un professeur de philosophie athée et socialiste ! », cet homme-là ne guérira point du mal que vous lui faites, et ils sont légion : comme aussi ceux qui m'écrivent pour m'encourager, se plaignant du silence où les retient le respect disciplinaire.

L'un m'a surtout frappé : « Quelle idée se font, dit cet honnête homme, ceux qui conseillent ici les ministres, de l'état de fonctionnaire et de ses devoirs envers l'État? Pensent-ils que ce soit comme un esclavage qui nous marque à l'épaule et détruise en nous toute personnalité? Nous avons, sans doute, avec celles de la profession, des obligations de discipline et de convenance, qui leur sont liées et nous imposent, dans nos actes et dans notre langage, une réserve décente : cela s'entend et se peut accepter sans indignité. Nul n'y manque chez nous. Mais prétendre davantage, mettre sur nos âmes et sur nos esprits les scellés administratifs, inspecter nos consciences et contrôler nos idées les plus intimes, c'est violer tout droit : et prendre nos enfants, pour les façonner, malgré nous, à cette servilité, c'est la plus insupportable tyrannie. »

Ce fonctionnaire a raison et sa parole trouvera, chez beaucoup de ses pareils, plus d'échos que vous ne pensez. Comme lui, je demande ce que vous voulez des serviteurs de l'État, ayant leur exactitude et leur obéissance et quelle est enfin cette vertu dont vous entendez leur imposer l'obligation nouvelle?

Il faut, là-dessus, une explication précise. Dans la commission de l'enseignement, vous n'en avez pas donné plus que dans votre Exposé des motifs. Le droit de l'État à exiger des garanties, l'accord sur les principes de la société, la conformité de vues avec le gouvernement, ce sont des mots, permettez-moi de le dire, dont je vous ai montré le vague et la confusion. Encore un coup, que demandez-vous aux fonctionnaires qu'ils ne vous donnent déjà?

***

Je dis aux fonctionnaires! Mais vous allez bien au delà, je l'ai établi par d'irréfutables raisons. Vous aurez beau diminuer votre loi, la faire petite et modeste, vous aurez beau en restreindre la portée jusqu'à un simple règlement sur le choix des employés de l'État, le coup est porté, l'opinion est avertie. Toutes les carrières sont atteintes, et, par là, toute la jeunesse.

Cela est du reste parfaitement logique. Si les serviteurs de l'État ont, en outre de leur formation spéciale, besoin d'une certaine éducation pour faire loyalement leur métier, le raisonnement s'applique à tous les citoyens. Car il n'en faut point de mauvais ; pas plus dans la vie privée que dans les emplois publics, et nul n'a le droit de se dire ennemi de l'État. Ainsi la vertu civique convient à tous et il n'est pas besoin d'être fonctionnaire pour en avoir l'obligation. J'entends là-dessus vos amis applaudir ; c'est bien leur pensée, et vos projets ne leur paraîtraient qu'une insuffisante satisfaction, si vous ne leur faisiez entendre que, sous une forme discrète, ils sont le moyen pratique d'atteindre au but sans trop d'éclat.

Ce but, c'est l'unité d'école pour tout le monde.

Votre projet de loi, en effet, n'est pas un incident passager d'une lutte politique : les traits de circonstance qu'il porte au frontispice, le procès Dreyfus, le nationalisme, les incidents de la rue, sont les petits côtés de l'affaire, ce que les éditeurs avisés appellent l'actualité, quand ils saisissent pour lancer une œuvre le moment opportun : c'est l'air ambiant qu'on a créé ou dont on profite, pour achalander les clients. La question est autrement profonde. Vous avez trop de philosophie pour l'ignorer : et si vous n'êtes point de ceux qu'on peut accuser d'ignorance, vous n'êtes pas non plus de ceux qu'on peut soupçonner d'inconscience. Comme moi, mieux que moi, vous savez ce qu'il y a dans votre proposition et que c'est bien autre chose qu'une condition d'admission aux emplois publics.

II

Ce qu'il y a, c'est le retour offensif des doctrines de la Convention, sorties, elles-mêmes, du *Contrat social* : c'est la conception païenne de l'État, telle que Rousseau l'a tirée de la République de Platon, où l'homme est absorbé par la collectivité omnipotente de l'État, nécessairement éducateur, en raison même de cette absorption de l'individu par la communauté.

« Trouver une forme d'association qui défende et protège, de toute la force commune, la personne et les biens de chaque associé et par laquelle chacun s'unissant à tous, n'obéisse pourtant qu'à lui-même et reste aussi libre qu'auparavant. »

Tel est, dit Rousseau, l'objet du contrat social. En d'autres termes, il s'agit de définir la formule sociale de l'individualisme. La voici :

« Les clauses de ce contrat, bien entendues, se réduisent à une seule, savoir, l'aliénation totale de chaque associé, avec tous ses droits, à toute la communauté... Chacun de nous met en commun sa personne et toute sa puissance sous la suprême direction de la volonté générale, et nous recevons en corps chaque membre, comme partie indivisible du tout.

« A l'instant, au lieu de la personne particulière de chaque contractant, cet acte d'association produit un corps moral et collectif composé d'autant de membres que l'assemblée a de voix, lequel reçoit de ce même acte son unité, son moi commun, sa vie et sa volonté. Cette personne publique qui se forme ainsi par l'union de toutes les autres, prenait autrefois le nom de *cité*, et prend maintenant celui de *république* ou *corps politique*, lequel est appelé par ses membres État quand il est passif, souverain quand il est actif, puissance en le comparant à ses semblables. »

Voilà la thèse du *Contrat social*. Les associations naturelles, les corps spontanés, la famille elle-même disparaissent ; l'individu seul subsiste, et il est, avec tous ses droits, anéanti dans la collectivité, absorbé par l'État. En fait, le citoyen de Genève a formulé philosophiquement la conception de l'ancien régime, où déjà s'effectuait cette destruction de toutes les forces sociales particulières au profit du pouvoir central, du souverain, dont Rousseau a seulement transporté les droits à la communauté elle-même, c'est-à-dire au peuple, en le déliant toutefois des devoirs qu'imposaient au prince ses origines chrétiennes et féodales.

Mais de cette omnipotence de l'État, il suit immédiatement une très grave conséquence, qui touche au fond de notre sujet. L'État sera juge de la morale.

« Quand Sparte a prononcé sur ce qui est ou

n'est pas honnête, la Grèce n'appelle pas de ses jugements. »

La domination de l'État étant absolue, toute puissance qui tend à lui mettre des bornes n'a qu'une action funeste.

« Ce fut dans ces circonstances que Jésus vint établir sur la terre un royaume spirituel, ce qui, séparant le système théologique du système politique, fit que l'État cessa d'être un... »

L'État, pour reconquérir son unité, devra donc étendre son empire sur les âmes, non par l'exercice imposé d'une religion dogmatique qui ne l'intéresse point, mais en réglant les opinions individuelles, en tant qu'elles importent à la communauté.

« Il y a donc une profession de foi purement civile, dont il appartient au souverain de fixer les articles, non pas précisément comme dogme de religion, mais comme sentiments de sociabilité, sans lesquels il est impossible d'être bon citoyen ni sujet fidèle. Sans pouvoir obliger personne à les croire, il peut bannir de l'État quiconque ne les croit pas... »

Voilà le principe posé de la doctrine d'État et, en même temps, de l'éducation civique, car il est inévitable que l'État, ayant fixé les articles de la profession de foi civile, les impose par l'éducation et forme, dès l'enfance, à les pratiquer, le futur citoyen.

L'*Émile*, dont J.-J. Rousseau a voulu faire un traité de l'éducation, et qui n'est qu'un roman pédagogique, paraît être en contradiction avec cette conclusion. Car ce traité d'éducation voudrait prouver que la meilleure est de n'en pas donner, mais seulement de laisser faire la nature, en l'aidant par des hasards heureusement préparés, l'homme naturel étant bon, et la société, partant l'éducation, surtout l'éducation publique, ne pouvant que le dépraver. « Pour former cet homme rare, qu'avons-nous à faire ? Beaucoup, sans doute : c'est d'empêcher que rien ne soit fait. » On voit, ici, paraître, en cet enfant isolé, sans liens avec la famille, avec la société, avec le monde, la thèse de la bonté native et de l'individualisme.

Mais avant de le mettre en scène, dans le livre Ier, Rousseau parle du citoyen, de l'homme civil qu'il oppose à l'homme naturel, et il dit :

« Les bonnes institutions sociales sont celles

qui savent le mieux dénaturer l'homme, lui ôter son existence absolue pour lui en donner une relative, et transporter le moi dans l'unité commune, en sorte que chaque particulier ne se croie plus un, mais partie de l'unité, et ne soit plus sensible que dans le tout. »

C'est bien, appliquée à l'éducation, toute la théorie du *Contrat social*. Celle-ci, d'ailleurs, va reparaître bien plus complète encore, au livre V, quand Émile, séparé de Sophie, entreprend son grand voyage et que son précepteur, voulant le prémunir contre toutes les difficultés que lui fera découvrir le spectacle de la société, aborde le sujet du droit politique. Alors ce sont les termes mêmes du *Contrat social* que Rousseau reproduit presque exactement.

Ainsi la contradiction n'est qu'apparente. Dans les deux ouvrages, la conception de l'État et du citoyen est la même.

Le raisonnement s'enchaîne : l'homme naît bon, la société le déprave ; la société n'existe qu'en vertu d'un contrat formé entre les hommes : il faut reconstruire la société d'après le plan de la nature et régénérer, en vue de cette société nouvelle, l'éducation des hommes.

L'*Émile* et le *Contrat social* parurent en 1762. Durant vingt ans, ces idées, propagées par la vogue, vont peu à peu pénétrer les esprits, dans la décadence d'une monarchie, progressivement dépouillée de son caractère fondamental, où le prince, devenu lui-même l'incarnation de l'État, ne suffit plus à en porter le trop lourd fardeau, et que ne peut sauver même le « despotisme éclairé » dont M. Henry Michel, dans son livre sur l'*Idée de l'État*, marque justement l'influence sur le dix-huitième siècle.

La nouvelle doctrine s'établit d'autant plus aisément, qu'à la fin de l'ancien régime, les institutions d'enseignement, comme toutes les autres, sont ébranlées, en grande partie à cause du vide immense qu'a laissé la suppression des Jésuites, contemporaine du *Contrat social*. L'organisation de l'instruction publique devient l'universelle préoccupation, et elle apparaît, de plus en plus, comme le devoir et la fonction de l'État.

***

Quand vient la Révolution, les idées de Rousseau possèdent les intelligences; elles dominent la Constituante. La tyrannie de l'État est en germe dans la proclamation de la liberté : le socialisme a sa racine dans la théorie de l'individualisme. L'abolition des corps spontanés, qui en est la conséquence, aboutit nécessairement à l'absolutisme de la collectivité. La méthode de la « table rase » conduit inévitablement à la seule initiative du pouvoir central. L'affranchissement absolu de l'individu le condamne à être absorbé par l'ensemble.

Aussitôt la pensée s'impose de former, pour cet état social artificiel, des citoyens appropriés. Dès 1790, on voit des chefs d'institution prendre des professeurs spéciaux pour « enseigner à Messieurs les élèves la nouvelle Constitution qui doit être le principal objet de leur instruction, les droits de l'homme et le droit public ». L'éducation civique est dans toutes les têtes : à vrai dire, c'est l'éducation politique : on veut former des opinions plus qu'on ne pense à former des idées.

L'histoire de Lacédémone hante les imaginations.

Contre ce flot montant, Mirabeau, pressé par l'esprit de gouvernement qui est en lui, essaye de lutter. Ses quatre discours sur l'Éducation publique, publiés par Cabanis après sa mort, sont, au fond, un plaidoyer pour la liberté: sans doute il la demande contre les corporations enseignantes, mais il veut que l'éducation soit abandonnée à l'initiative privée, et, bien loin d'admettre, de la part de l'État, l'enseignement d'une doctrine officielle, il dit : « Il ne vous est pas donné de faire éclore tout à coup une race nouvelle... vous n'avez pas d'opinions favorites à répandre. »

Condorcet, éclairé par la philosophie, avertit à son tour l'Assemblée législative. Il veut bien l'éducation nationale, mais non l'éducation politique. J'ai cité, dans ma seconde lettre, ses *Mémoires sur l'instruction publique.*

Mais ce sont des voix impuissantes. Désormais, et pendant sept ans, le cerveau des législateurs, tourmenté par les chimères de la doctrine d'État, va s'épuiser en divagations étranges ou odieuses, en efforts stériles et en conceptions avortées. Dès que la Convention paraît, c'est à qui réclamera avec le plus de violence, la régénération scolaire. « Il est, dit un de ses membres, Petit, dès la fin de 1792, un préliminaire indispensable à l'établissement des écoles primaires, c'est une école de républicanisme. » « Il s'agit, dit Rabaut-Saint-Étienne,... de faire une révolution dans les têtes et dans les cœurs, comme elle s'est faite dans les conditions et dans le gouvernement... Il faut absolument renouveler la génération présente, en formant en même temps la génération qui va venir ; il faut faire de la France un peuple nouveau. »

La tribune des Jacobins fait écho à celle de l'Assemblée. L'objet de l'enseignement c'est, dit Barère, de donner à la patrie des défenseurs, « entièrement républicains et de révolutionner la jeunesse ».

Et, là-dessus, commencent ce que Taine ppelle « des kilomètres de bavardage abstrait, de phrases qui ne sont que des phrases, qui dupent l'orateur aussi bien que l'auditoire... » Le système de Lakanal, lui-même, dénoncé aux Jacobins comme trop aristocratique, est écarté, et tout ce dévergondage de tyrannie aboutit au plan de Lepelletier de Saint-Fargeau, lu, le 12 juillet 1793, par Robespierre :

Les enfants des deux sexes, depuis l'âge de cinq ans, seront casernés dans les « *maisons d'égalité* » ; leur mémoire sera cultivée par l'étude des chants civiques, on leur apprendra à lire et à compter, on leur enseignera la Constitution, la morale universelle, on les exercera au travail agricole, et, si la *maison d'égalité* ne possède pas assez de terres à cultiver, on les mènera sur les routes pour y ramasser et répandre des cailloux : ainsi « nous préparons, pour ainsi parler, une matière première... Tout ce qui doit composer la république doit être jeté dans un moule républicain ».

Ravi d'un si beau spectacle, Lepelletier s'écrie, par la bouche de Robespierre : « Charmante idylle qui fait répandre de douces larmes ! Qui ne serait touché de voir ces jeunes plantes grandir dans la pépinière nationale ? Qui ne serait ému de voir cette armée enfantine sucer le lait républicain sous le regard de la patrie et sous l'œil des vieillards ? »

Pour compléter l'idylle, Saint-Just s'est chargé d'en habiller les acteurs : « Tous les enfants conserveront le même costume jusqu'à seize ans. Depuis seize ans jusqu'à vingt et un ans, ils auront le costume d'ouvrier. Depuis vingt et un ans jusqu'à vingt-cinq, celui de soldat, s'ils ne sont point magistrats. Ils ne prendront le costume des arts qu'après avoir traversé aux yeux du peuple un fleuve à la nage, le jour de la fête de la Jeunesse!... »

Mais tout cela n'est pas assez, pour implanter dans les âmes ce que Lakanal appelle « les germes du civisme ». Il y aura des catéchismes politiques, pour apprendre aux bambins à épeler la Déclaration des droits de l'homme : « Le peu-ple fran-çais, con-vain-cu... » ; et, aussi, des histoires édifiantes comme « *La vie et la mort républicaines du petit Émilien* », qui, à deux ans, appelle Louis XVI M. Capet, et, chaque fois qu'on prononce devant lui le nom d'un tyran, comme Clovis ou Charles IX, dit : « Messan, messan ! » Il meurt le jour où Bailly est conduit à la guillotine : « Oh ! il l'a bien mérité ! » dit-il, et ce fut sa dernière consolation. Pauvre enfant ! Quatre ans plus tôt, l'éducation civique lui eût enseigné à vénérer Bailly comme un père de la patrie.

La discussion du plan de Lepelletier, soutenu par Danton et Robespierre, aboutit au décret du 13 août 1793 : « La Convention décrète qu'il y aura des établissements nationaux où les enfants des citoyens seront nourris et instruits en commun, et que les parents qui voudront conserver leurs enfants dans la maison paternelle, auront la faculté de les envoyer recevoir l'instruction publique dans les classes instituées à cet effet. »

Ne m'accusez pas, Monsieur le Président, de sortir du sujet et d'exagérer à dessein. Ce n'est pas moi qui exagère, c'est la doctrine de Rousseau qui porte ses fruits naturels et s'exagère elle-même, par l'effet de sa propre tendance, comme la chute d'un corps grave est accélérée par son poids. Je n'ai fait que prendre au hasard des exemples : on en a fait des volumes. Lisez *l'Éducation morale et civique avant et pendant la Révolution*, par M. l'abbé Augustin Sicard, et *l'Œuvre scolaire de la Révolution*, par M. l'abbé E. Allain, à qui j'ai emprunté une partie de mes citations. Ce sont deux prêtres, il est vrai, mais dont la haute compétence est reconnue par tout le monde. Tous deux ont puisé leurs renseignements aux sources les plus sûres : ils les appuient de textes authentiques. L'Académie a couronné le livre de M. l'abbé Sicard, et M. Dreyfus-

Brisac, rédacteur en chef de la *Revue internationale de l'enseignement*, qui a combattu les idées de M. l'abbé Allain, a rendu hommage à sa grande érudition.

Ne me dites pas davantage que je parle de l'enseignement primaire et qu'il s'agit de l'enseignement secondaire.

Pour celui-ci, comme pour l'enseignement supérieur, vous savez ce qui advint des théories nouvelles. Avant tout, dit Fourcroy, « il faut anéantir l'éducation vicieuse que l'on donne à une jeunesse qui ne doit connaître que la raison ».

⁂

C'est par les Académies qu'on commence : David a montré, « dans toute sa turpitude, l'esprit de l'animal qu'on nomme académicien »; et Grégoire a déclaré que « la nation veut avoir le génie pour créancier, d'autant plus que le génie (et nous le disons crûment), presque toujours le véritable génie est sans culotte ».

Tout le reste y passe, et quand la Convention arrive au 9 thermidor, voici où elle en est :

« C'en était bien fini des universités, des facultés et des collèges : on ne parlait plus des facultés de médecine et de droit : dans les collèges de Paris, il ne restait plus que les boursiers, maintenus en possession de leurs bourses par les décisions de l'Assemblée ; on les payait encore, eux et leurs professeurs, mais on avait cessé de les nourrir. Au collège des Quatre-Nations, le défaut de fonds avait fait cesser la nourriture, dès le 11 nivôse de l'an II. Malgré la suspension de la loi du 15 septembre 1793 (c'était celle qui, par surprise et presque sans débat, à la suite d'une pétition apportée par une députation du département de Paris, avait prononcé la suppression des universités, facultés et collèges), on en était, dans l'Université même, à ne plus croire à une existence légale, mais si précaire : dans un état du 14 nivôse an III, Le Meignan se qualifie lui-même receveur de la ci-devant Université de Paris. »

Qui écrit cela ? C'est un homme dont vous ne récuserez pas, ni personne, l'autorité, et qui n'est pas suspect d'hostilité aux hommes et aux choses de la Révolution. C'est M. Liard, directeur de l'Enseignement supérieur, dans son livre sur l'*Enseignement supérieur en France*.

Le 26 frimaire an III, Lakanal dira dans son rapport sur la création des écoles centrales : « Il faut commencer par déblayer les débris des collèges où d'inutiles professeurs, étonnés de se trouver encore au poste des abus, rassemblent sur des ruines quelques élèves mendiés. »

***

Ces décombres appelaient une reconstruction. La Convention le comprenait bien ; mais le faux principe qui inspirait toutes ses tentatives devait les frapper de mort.

La loi du 27 ventôse an III, votée sur le rapport de Lakanal, annonce « le plan géométral du grand édifice promis à l'impatience des Français, du temple immense, éternel, élevé à tous les arts, à toutes les branches de l'industrie humaine... », et où « dès lors, au lieu d'Anacréons, vous aurez des Tyrtées et des Homères, au lieu d'Isocrates, vous aurez des Démosthènes ». Des écoles centrales devaient être distribuées à raison de la population, sur la base d'une école pour 300,000 habitants.

« En conséquence de cette loi, dit le dispositif, tous les anciens établissements consacrés à l'instruction publique sous le nom de collèges et salariés par la nation sont et demeurent supprimés dans toute l'étendue de la République. »

La loi de l'an III ne fut pas appliquée. Dès la même année, Boissy-d'Anglas demanda qu'elle fût rapportée, en dénonçant les terroristes « barbares qui ont fait rétrogader l'esprit humain de plusieurs siècles ». Elle fut remplacée par la loi du 3 brumaire an VI, dont le titre II règlait à nouveau l'organisation des écoles centrales à raison d'une par département.

Le rapport de Daunou, qui précédait le texte de la loi, est un acte d'accusation. Constatant l'effondrement de toutes les institutions scolaires, il essaye de l'expliquer par les circonstances du temps, par « l'anarchie, dont les farouches regards étaient offusqués des restes de toutes les gloires, et qui s'empressa de démolir, de disperser les débris des corps littéraires », par « les délires de l'esprit public, les querelles des partis, les guerres des factions, les distractions continuelles de la pensée; tout, jusqu'à l'intention d'améliorer l'instruction publique, en a dû suspendre la marche, en amener la décadence ». Au fond, il sait bien que ce sont là les causes secondaires. Les causes premières, c'est la *table rase* : « Les institutions intermédiaires (les établissements d'enseignement secondaire).., ont disparu peu à peu avec les corporations qui les régissaient ». C'est aussi la manie de l'éducation civique. Quelques jours plus tôt, Fourcroy, dans l'exposé des motifs du décret sur l'établissement des écoles de services publics, avait dit : « Dans toutes ces écoles, il faudra... écarter le danger des innovations imprudentes et des prétendus systèmes régénérateurs. Si ces changements étaient nécessaires dans toutes les parties de l'administration publique, imprudemment étendus jusqu'à tous les établissements d'instruction, ils lui ont porté des coups funestes, ils ont presque fait reculer la race humaine... Il est bien temps d'arrêter les progrès trop rapides de cette désorganisation, qui, plaçant une génération entière fort au-dessous de celle qui l'a précédée, menaçait de plonger la France dans la barbarie. »

M. Thiers, dans l'*Histoire du Consulat*, décrit ainsi l'institution nouvelle : « Les écoles centrales dans lesquelles se dispensait l'enseignement secondaire, placées dans chaque chef-lieu de département, étaient des établissements en quelque sorte académiques, où se faisaient des cours publics auxquels la jeunesse pouvait assister quelques heures par jour, mais en retournant ensuite dans les familles ou dans les pensionnats formés par l'industrie particulière. » Voilà, sur le vif, la séparation de l'instruction et de l'éducation qui se retrouve, aujourd'hui, dans votre projet. La doctrine des Assemblées révolutionnaires reparaît aujourd'hui tout entière. Il est donc d'un haut intérêt de savoir quels fruits elle a donnés dans les écoles centrales de l'an III, œuvre essentielle de la Révolution pour l'enseignement secondaire.

M. Albert Duruy en a fait l'histoire dans son livre sur *l'Instruction publique et la Révolution,* avec des documents patiemment recherchés ; il a constaté leur insuccès ; il en a étudié les causes dans les pièces authentiques. A certains passages, on croit lire un chapitre d'histoire contemporaine : par exemple, lorsqu'il cite les mercuriales du ministre de l'intérieur, de l'an VII, aux professeurs qui s'étaient avisés de parler à leurs élèves de l'immortalité de l'âme. « Citoyen, ... je vous dirai que je suis très fâché que vous établissiez formellement que, sans l'immortalité de l'âme et les peines et les récompenses, dans une vie à venir, les lois naturelles ne sont pas obligatoires. Elles le seraient et elles le sont de par l'autorité de la nature. » Et à un autre qui avait parlé des perfections de l'Être suprême : « Ce sont choses qui dépassent nos moyens de connaître et qui ne pourront jamais être susceptibles de bonnes démonstrations. Or, le caractère de la nouvelle métaphysique est et doit être de ne traiter que les sujets qui sont évidemment à la portée de notre intelligence. » Voilà la morale d'État définie par votre prédécesseur Quinette.

Cette circulaire était motivée par un rapport du conseil d'instruction publique sur le livre du citoyen Baradère, où on lit : « On affirme... l'immortalité de l'âme et une vie à venir et l'existence d'un Dieu. On fait ce Dieu intelligent à notre manière. On explique toutes ses qualités, la Providence, la création, et qui pis est, on s'emporte contre les soi-disant athées et on fonde la morale sur ces belles notions. »

De tels documents jettent sur les écoles centrales un jour éclatant et expliquent assurément leur discrédit mieux que de longues considérations.

M. Edmond Dreyfus-Brisac a contesté dans ses *Études de pédagogie comparée* les conclusions de M. Albert Duruy. Mais les chiffres subsistent et ils sont écrasants. Après avoir très loyalement mis hors de cause les trois écoles de Paris, dites des Quatre-Nations, du Panthéon et de la rue Saint-Antoine, où professaient La Harpe, Fontanes, Laromiguière, Daunou, Saussure, et qui, dans de telles conditions, ne pouvaient manquer de réussir, M. Duruy a relevé aux Archives nationales, dans les états adressés de l'an V à l'an VIII par les administrations départementales au ministère de l'intérieur, la statistique des élèves ayant suivi les cours de quinze écoles centrales, dont deux des plus florissantes, celles de Toulouse et de Besançon,

L'examen de ces tableaux fait ressortir, par école, une moyenne, pour le dessin de 89, pour les mathématiques de 28, pour les langues anciennes de 24, pour l'histoire naturelle de 19, pour la physique et la chimie de 19, pour la grammaire générale de 15, pour *l'histoire de 10*, pour la législation de 8, et pour *les belles-lettres de 6*.

Dix pour l'histoire, six pour les lettres, n'ai-je pas raison de dire que ce sont des chiffres écrasants ?

Quant au personnel, le témoignage des membres du Conseil d'instruction publique institué par François de Neufchâteau, en l'an VII, établit qu'un tiers à peine des professeurs de langues sont en état d'enseigner le grec et que beaucoup n'écrivent que très imparfaitement le français. Quoi d'étonnant ? Les administrations départementales, chargées de les recruter, ne leur demandent que de faire preuve de civisme et d'instruire la jeunesse « dans la haine des tyrans et l'amour de la liberté ».

François de Neufchâteau, lui-même, ministre de l'intérieur, inscrit cette question parmi celles de l'enquête qu'il ouvre près des administrations : voici, par exemple, les résultats que lui signale un professeur de langues anciennes le 15 prairial an VII :

« Je ne connais l'état que de deux écoles centrales de la République, celle de Bordeaux, que j'ai observée pendant deux ans, et celle d'Angers où je me trouve actuellement. Mais je puis vous déclarer que si toutes les autres écoles de la République ressemblent à celles-ci, les études doivent être dans l'état le plus pitoyable, vu la désertion où se trouvent la plupart des classes. »

Enfin, un rapport adressé un peu plus tard aux consuls s'exprime en ces termes :

« Dans tout ce qui tient à l'instruction publique, on ressent encore profondément les traces des erreurs révolutionnaires ; on a cru qu'on fait des lois et qu'on change les habitudes et les mœurs avec des règlements ; on a rendu la loi du 3 brumaire, et cette loi a créé des écoles : mais elle n'a rien fait pour l'éducation... Le tableau que je vais vous tracer, citoyens consuls, extrait fidèlement de la correspondance des préfets et du compte-rendu du Conseil d'instruction publique, vous prouvera à quel degré de profondeur a pénétré le mal... » Et le rapport se termine par ces mots : « Aujourd'hui les trois classes de grammaire générale, d'histoire et de législation, sont tombées dans le plus affreux discrédit, et les écoles sont tout à fait désertes. »

La grande enquête instituée, en l'an IX, par Chaptal, sur la situation de la République, et qui fut confiée aux conseillers d'État, confirme toutes ces constatations. Le livre précieux, où M. Félix Rocquain a recueilli les rapports des principaux d'entre les commissaires enquêteurs, suffit à l'établir.

***

Au milieu de ce discrédit, de cet abandon universel des écoles officielles que devenait l'instruction secondaire ? Elle se réfugiait dans les écoles privées où les familles allaient chercher un enseignement sérieux et des maîtres chrétiens.

Pour lutter contre ce mouvement universel, le Directoire appelle à son aide toutes les armes du vieux despotisme jacobin. L'arrêté du 17 pluviôse an VI, signé du président Barras, est ainsi conçu :

« Le Directoire exécutif, considérant que l'article 356 de l'acte constitutionnel lui impose l'obligation de surveiller les écoles particulières, les maisons d'éducation et pensionnats, comme faisant une partie importante des professions qui intéressent les mœurs publiques ;

« Considérant que l'article 18 de la loi du 21 fructidor an V a conservé aux administrations centrales et municipales les attributions que leur avaient accordées les lois des 14 et 22 décembre 1789 (vieux style), et parmi lesquelles se trouve la surveillance de l'enseignement politique et moral ;

« Considérant que cette surveillance devient plus nécessaire que jamais pour arrêter les progrès des principes funestes qu'une foule d'instituteurs privés s'efforcent d'inspirer à leurs élèves, et qu'il ne doit négliger aucun moyen qui sont en son pouvoir pour faire fleurir et prospérer l'instruction républicaine ;

« Arrête ce qui suit :

« Toutes les écoles particulières, maisons d'éducation et pensionnats, sont et demeurent sous la surveillance spéciale des administrations municipales de chaque canton.

« En conséquence, chaque administration municipale sera tenue de faire, au moins une fois par chaque mois, et à des époques imprévues, la visite desdites maisons qui se trouvent dans son arrondissement, à l'effet de constater :

1° Si les maîtres particuliers ont soin de mettre entre les mains de leurs élèves, comme base de leur première instruction, les droits de l'homme, la constitution, et les livres élémentaires qui ont été adoptés par la Convention ;

2° Si l'on observe les décadis, si l'on y célèbre les fêtes républicaines et si l'on y honore le nom de citoyen...

. . . .

« Les administrations municipales pourront provisoirement prendre telles mesures qu'elles jugeront nécessaires pour arrêter ou prévenir les abus, même en ordonnant la suspension ou clôture de ces écoles, maison d'éducation et pensionnats. »

Le ministre de l'intérieur Letourneux accompagne l'arrêté des Directeurs d'une circulaire datée du 17 ventôse an VI, où il dit :

« ... A côté des instituteurs, s'élevaient et s'élèvent encore avec audace une foule d'écoles privées où l'on propose impunémemt les maximes les plus opposées à la constitution et au gouvernement, et dont la coupable prospérité semble croître en raison de la perversité des principes qu'y reçoit la jeunesse.

« C'est donc sur ces repaires du fanatisme royal et superstitieux, où des spéculateurs avides étouffent par un vil et sordide intérêt les germes précieux des vertus républicaines et dérobent à la patrie, dans la génération naissante, ses plus chères espérances, que le Directoire exécutif appelle toute votre vigilance et toute votre activité. Ce ne sont point des mesures inquisitoriales qui vous sont commandées, c'est cette sévérité paternelle qui veille avec une calme inquiétude sur une tendre famille, pour écarter loin d'elle le souffle empoisonné de tous les genres de corruption. Vertu, patrie, liberté, amour des lois et de la République, voilà les noms augustes et sacrés que vous avez à défendre, à faire chérir et respecter... Hélas ! ils ignorent, ces jeunes enfants, qu'un fatal aveuglement les immole dès leur aurore à des passions étrangères ; ils ignorent tous les maux auxquels on les dévoue. Ils sont nés pour être libres, et des mains perfides les façonnent à l'esclavage... Soyez donc les tuteurs, les pères de ces êtres intéressants dont un affreux calcul s'empare pour en faire des victimes ; arrachez-les au funeste avenir que des âmes mercenaires leur préparent ; qu'ils vous doivent l'énergie des sentiments patriotiques, la pureté de mœurs, la grandeur d'âme et cette fierté généreuse qui caractérise les vrais républicains... »

Tout y est, l'enseignement de la constitution, la vertu républicaine, et la liberté de l'enfant, chère à M. Dumont. O recommencements de l'histoire !

Au conseil des Cinq-Cents, le 12 vendémiaire an VI, J.-P. Chazal présente une *motion d'ordre et un projet de résolution sur les pensionnats et autres maisons d'éducation des deux sexes* :

« Nous n'aurons pas la stupidité des rois. Tout sera républicain dans notre république.

Nous punirons les traîtres qui professeront sa haine et nous exigerons encore qu'on y professe son amour. Instituteurs, vous le ferez naître, ou l'on vous arrachera le dépôt sacré des enfants de la patrie. Nous l'arracherions au père lui-même, s'il organisait pour eux la dégradation de la servitude. »

Luminais rapporta la proposition :

« Presque partout des instituteurs mercenaires, dès longtemps façonnés à des inclinations serviles, envieillis sous la rouille des préjugés..., laissent, sans s'inquiéter, couler dans les cœurs tendres de leurs jeunes élèves les poisons corrupteurs du royalisme et de la superstitution. D'autres, plus éclairés et non moins coupables, leur font, de dessein prémédité, avaler ces poisons à pleine coupe. »

En l'an VII, la discussion, toujours ajournée, toujours reprise, renaît encore une fois. Bonnaire, du Cher, s'emporte contre les droits des pères de famille : « On a beaucoup parlé des droits des pères de famille : ou ils sont amis ou ils sont ennemis de l'ordre de choses actuel... ; s'ils sont ennemis, je ne vois pas comment on pourrait réclamer pour eux une liberté dont, certes, ils ne pourraient qu'abuser. » Ce Bonnaire est un précurseur ! Il veut faire disparaître « cette nuée d'écoles fanatiques où le royalisme aiguise ses poignards », et, comme on ne peut pas les détruire, on leur imposera l'enseignement de la morale républicaine, ou bien, ce qui est plus sûr : « Sans toucher aux écoles particulières, vous pouvez ordonner que tous les enfants sans distinction seront tenus d'assister aux leçons des instituteurs primaires... Par là, sans détruire les écoles particulières que la constitution tolère, vous les rendriez inutiles ou, du moins, elles ne viendraient qu'en seconde ligne. »

Reconnaissez-vous cette casuistique, Monsieur le Président du Conseil ? C'est proprement celle de votre Exposé des motifs : nous ne touchons pas à la liberté, ni aux écoles particulières : nous exigeons seulement que tous les enfants suivent les leçons de nos maîtres.

L'article 8 du décret de la Convention sur

l'organisation des écoles de services publics avait dit : « Seront exclus des écoles de services publics les citoyens qui auraient manifesté des opinions ou qui auraient une conduite anti-républicaine. »

Le 18 germinal an VII, Louvet (de la Somme) précise, en le généralisant, le décret de la Convention. Il demande que les élèves des écoles privées soient contraints de fréquenter les écoles publiques, et que « cette fréquentation *soit une condition indispensable pour être appelé aux fonctions dépendant de l'État.* »

Nous y voilà ! Je vous le disais bien. Vous êtes des plagiaires, plagiaires des doctrines, plagiaires des idées, des formules et des mots : et vos projets ne sont qu'un retour offensif du vieux jacobinisme de la Convention et du Directoire. Ce sont, suivant le mot profond d'Eugène Melchior de Vogüé, ce sont bien les « morts qui parlent ».

J'ai insisté sur ces rapprochements historiques et je ne m'en excuse pas. Ils mettent en lumière, mieux que tous les raisonnements, les conséquences d'un faux principe.

*
* *

L'histoire de la Convention fait apparaître non pas l'entière stérilité de son œuvre, mais l'impuissance éducatrice de l'État, non pas son incapacité d'organisation, mais l'impossibilité d'établir des institutions sur la table rase du passé.

Quand la Convention donne au Muséum d'histoire naturelle sa forme et ses développements, quand elle fonde l'École polytechnique, quand elle institue le Bureau des longitudes et l'École des langues orientales, quand elle restaure les Écoles de santé et établit les cours du Conservatoire des arts et métiers, elle ne fait pas œuvre d'éducation, elle crée, organise et dote des établissements spéciaux de haut enseignement. L'État est dans son rôle et dans son droit. Les hommes que nous avons vus impuissants dans l'élaboration des plans scolaires, Lakanal, Barère, Fourcroy, sont ici dans le légitime exercice de leur intelligence. Ils réussissent. Pour pourvoir les établissements nouveaux, la Convention ne pratique pas la méthode de la table rase : elle réorganise ceux qui existaient, elle fait appel, pour ceux qu'elle crée, au concours des hommes déjà illustrés par leur science, éprouvés pour leur savoir, sous le gouvernement précédent, Monge, Laplace, Lalande, Chaptal, Berthollet, Jussieu. « Les uns, dit le mathématicien Lacroix, devaient aux fonctions qu'ils avaient remplies avant la Révolution une connaissance exacte des besoins des services publics ; les autres étaient depuis longtemps livrés à l'enseignement. Tous étaient profondément versés dans les sciences. »

Pour cette grande entreprise, comme elle ne rejette pas, de parti-pris, ceux que le passé lui a légués, les ouvriers sont tout prêts. Elle les utilise. L'idée qu'elle les charge d'appliquer n'est pas l'exécution d'un plan factice, la régénération de l'humanité d'après des maximes abstraites : c'est le légitime développement de la haute culture de l'esprit. Elle réussit.

Au contraire, dans l'œuvre de l'éducation, elle échoue. Ce ne sont pas les ressources matérielles qui lui manquent. Comme pour les écoles spéciales, le système des réquisitions les lui fournit. Ce n'est pas davantage l'énergie et l'activité : aucune question n'a plus occupé les assemblées révolutionnaires. Ce n'est pas non plus l'intelligence et la capacité : les législateurs dont les plans avortent sous la Convention, sont les mêmes que les réformateurs du Consulat.

« Les délires de l'esprit public, les querelles des partis, les guerres des factions », comme dira Daunou, en l'an IV, ne sont pas non plus une raison suffisante, ni la guerre étrangère. Rien de tout cela n'a empêché d'autres œuvres d'aboutir.

Le faux point de départ est la seule explication valable. Le clergé, les congrégations enseignantes eussent offert à la Convention un personnel nombreux et exercé. Elle les rejette, les exclut et les disperse : les éducateurs lui font défaut. Le citoyen qu'elle rêve de façonner n'est pas un homme, ayant sa personnalité propre, une âme et une famille ; c'est un élément de la collectivité, contraint à penser et à croire comme le veut le corps politique : l'éducation n'a plus de base morale ; elle n'attire ni ne retient les élèves.

Ainsi, à tous les degrés, l'œuvre scolaire est

frappée d'impuissance. Aucune leçon historique ne me paraît plus instructive. Je m'étonne qu'après cent ans, lorsque les doctrines, les faits et les personnages de la Révolution ont été étudiés si souvent et de si près, elle puisse être méconnue par des hommes d'État, soucieux de leur renommée.

Mais puisque la tentative est commencée, et qu'avant tout l'intérêt social, le droit des consciences, commandent d'y mettre obstacle, il faut pousser plus loin et entrer plus avant dans la question.

III

J'ai dit que l'impuissance de la Révolution, en matière d'éducation, était due principalement à sa prétention d'imposer, sous le nom d'éducation civique, l'enseignement d'une doctrine d'État, qui est la profession de foi, purement civile, fixée par le souverain, dont parle le *Contrat social*.

Pourquoi cette prétention était-elle déjà, il y a cent ans, une insurmontable difficulté ? Pourquoi, aujourd'hui plus encore, choque-t-elle, comme une révoltante tyrannie, les hommes les plus divisés de croyances et d'opinions, ainsi que l'attestent les protestations soulevées chaque jour par vos propositions ?

C'est qu'appuyée sur les faux principes de l'époque révolutionnaire, elle est en opposition directe avec le fait social et philosophique de la Révolution. De ce désaccord entre la doctrine et la réalité, sont issues les luttes profondes dont la question d'enseignement a été l'objet, depuis un siècle, et que vous venez de ranimer si imprudemment.

« Mon travail ne serait point inutile, dit M. Albert Sorel dans l'introduction de son ouvrage sur *l'Europe et la Révolution française*, si je parvenais à montrer dans la Révolution française, qui apparaît aux uns comme la subversion et aux autres comme la régénération du vieux monde européen, la suite naturelle et nécessaire de l'histoire de l'Europe, et faire voir que cette révolution n'a point porté de conséquences, même la plus singulière, qui ne découle de cette histoire et ne s'explique par les précédents de l'ancien régime. »

L'observation de M. Sorel s'applique avec une force particulière à la France, spécialement au point de vue fondamental des doctrines.

Sans doute, la Révolution a marqué, dans les idées, l'ouverture d'une ère nouvelle. Quelque chose a disparu, en 1789, qui, pendant les siècles précédents, avait d'abord pénétré l'état social, puis continué de le régir officiellement, en cessant peu à peu de dominer les esprits. C'est l'unité de croyances et, pour parler exactement, la religion chrétienne.

Mais ce ne fut pas l'effet d'une explosion fortuite et improvisée. La Révolution, sur ce point comme sur les autres, fut une conséquence de l'histoire sociale et politique, un aboutissement de l'ancien régime. C'est pourquoi elle est, non pas une révolution, mais la Révolution, et elle se poursuit, sans interruption, après que sa période violente est close, à travers tout le dix-neuvième siècle. C'est pourquoi aussi, suivant la parole de Joseph de Maistre, elle mène les hommes plus que les hommes ne la mènent.

J'ai montré que Rousseau en avait formulé les principes vingt-cinq ans avant leur proclamation. Mais c'est bien plus loin qu'il faut en chercher la source.

La monarchie française avait eu, dès ses origines, un caractère particulier. C'est, dit l'auteur des *Considérations sur la France*, « un certain élément théocratique.... qui lui a donné quatorze cents ans de durée ». Son berceau ne ressemble à celui d'aucune autre.

Quand, au cinquième siècle de notre ère, entre les puissants royaumes établis sur le sol de la Gaule, de l'Espagne, de l'Italie et de la Germanie, une petite peuplade obscure et ignorée s'élança tout à coup du flot des barbares où sombrait l'empire romain, un fait capital fixa sa destinée : ce fut le baptême de Clovis.

Dans l'*Histoire générale* de MM. Lavisse et Rambaud, M. A. Berthelot le dit en termes très frappants : « C'est le baptême de Clovis qui a facilité les victoires de Clovis sur les hérétiques, Burgondes et Visigoths, qui a lié étroitement la royauté mérovingienne à l'épiscopat, préparé l'alliance des Carolingiens avec Rome.., donné à la monarchie carolingienne son caractère ecclésiastique... »

La monarchie française est sortie de là. Les évêques, qui furent ses parrains, demeurent étroitement mêlés à la vie nationale. L'alliance est intime entre l'Église et la royauté; le prince est l'évêque du dehors; il reconnaît et il laisse à l'Église le soin de gouverner les âmes et de cultiver les intelligences. Jusqu'au quatorzième siècle, telle fut l'histoire de l'enseignement en France, et elle n'est pas sans gloire. L'Université parut, enfantée par l'Église, organisée par la puissance corporative. Aux prises avec la lutte des écoles et la rivalité des maîtres, elle invoque l'autorité du prince; son privilège s'établit, mais au prix de son indépendance. Ainsi se modifie, dans l'enseignement, le rôle de l'État. Les légistes, vers le même temps, en fixent la notion selon l'esprit de la cité antique et en font l'être collectif, maître souverain et absolu. Le roi l'incarne, en même temps qu'il demeure, suivant l'idée chrétienne, l'élu de Dieu, confirmé par l'onction sainte et, suivant l'idée féodale, le suzerain universel, propriétaire et seigneur suprême. Vous savez comment Taine a analysé ce triple caractère du souverain.

Bossuet l'a défini dans la phrase célèbre de la *Politique tirée de l'Ecriture sainte:* « Tout l'État est en la personne du prince. En lui est la puissance, en lui est la volonté de tout le peuple. » La Révolution ne fera que supprimer le prince : elle conservera la formule de l'État.

Tant que l'unité de croyances est entière, souvent troublée mais non brisée, l'enseignement reste dirigé par l'Église que l'État protège : l'Université, vassale du prince, est elle-même ecclésiastique ; ses rivaux sont des religieux. C'est la logique du régime. La Réforme éclate et rompt l'unité. Partout où elle triomphe dans l'ordre politique, l'Église est soumise à l'État sous un même chef. En France, elle est vaincue; mais elle a divisé les esprits et les consciences. La porte est ouverte au libre examen des doctrines. La Révolution commence ainsi dans l'ordre moral, comme l'a préparée dans l'ordre social la chute du régime féodal.

Pendant deux siècles, le pouvoir royal, en vertu de son origine, défend et maintient l'unité.

Ce n'est pas une doctrine d'État qu'il impose : la conception n'en peut exister que dans l'État protestant. Alors même qu'il s'en approche par la Déclaration de 1682, c'est l'enseignement de l'Église qu'il prétend soutenir, comme une partie essentielle de l'édifice dont il occupe le sommet. Quand la majesté de Louis XIV cesse de l'abriter, l'édifice chancelle. La libre discussion le met en ruines. C'est l'heure de Rousseau.

La Révolution achève ce long travail. L'unité des croyances est anéantie : la religion catholique, la religion chrétienne elle-même, cesse d'être un principe constitutif de la nation : l'État se sépare doctrinalement de l'Église; partant, il ne lui reconnaît plus le droit exclusif à l'enseignement : les opinions, comme les consciences, sont déliées envers le souverain.

A dater de ce jour, la liberté d'enseignement est proclamée dans les âmes. L'État n'est plus le gardien des doctrines de l'Église, il n'a point, il ne peut avoir, à leur place, de doctrines propres. Car s'il demeure, sous sa forme nouvelle, le souverain de l'ancien régime, il en a volontairement rejeté la tradition chrétienne.

Voilà le grand fait philosophique de la Révolution. Les conséquences en sont incalculables.

Je n'en pousserai pas la recherche au delà des limites de notre discussion. Je n'examinerai point si, dans l'ordre nouveau, ainsi constitué, l'État peut avoir le droit d'enseigner. Ce débat m'entraînerait à l'excès. Prenez garde, toutefois, que votre téméraire entreprise ne le soulève nécessairement.

Je m'en tiens, ici, à cette première et seule constatation. L'État n'a point de doctrine, il ne reconnaît plus celle de l'Église : la liberté d'enseignement découle de ces prémisses, comme une inéluctable conclusion.

Il n'est en la puissance de personne, d'aucun gouvernement, d'aucun parti, de s'y dérober. On demande souvent aux catholiques ce qu'ils feraient de cette liberté d'enseignement, s'ils étaient maîtres du pouvoir et, joignant la question et la réponse, on décide aussitôt qu'ils l'aboliraient immédiatement, au bénéfice de l'Église. La question est vaine et la réponse ne l'est pas moins. Les idées, les opinions, les intentions même des hommes sont ici sans intérêt, parce qu'elles sont sans valeur devant l'empire des faits. On peut disserter à loisir sur la constitution des sociétés anciennes, les louer ou les blâmer, regretter leur disparition ou s'en féliciter. C'est affaire de sociologie, de jugement historique ou de discussion théologique. En matière de politique, il s'agit de l'état présent. Or la Révolution le remplit de son esprit. Comme elle fut préparée par l'évolution des siècles, ainsi l'avènement d'une autre ère sociale ne sera qu'une résultante de lentes transformations.

Quels que soient les événements, nous achèverons de vivre et nos enfants vivront dans l'âge de la Révolution, par conséquent aussi dans une société sans unité de croyances, avec des idées, des opinions multiples et divisées. L'Église, quoi qu'il advienne aussi, n'en demeurera pas moins debout à côté de l'État. Ceux mêmes à qui ne l'enseigne pas la foi dans les promesses divines ne peuvent en douter, s'ils ont quelque connaissance de l'histoire et de sa philosophie. Voilà quelle est la réalité des faits. Toute autre vue en serait chimérique.

Dès lors, s'il est vrai que la liberté de l'enseignement est la conséquence nécessaire de l'ordre moderne, elle s'impose à tous, aux catholiques comme aux incroyants. Nul ne saurait s'y soustraire sans provoquer aussitôt la révolte des consciences.

Sans doute on peut entreprendre de résister par la force à l'évidence des situations. C'est ce que vous essayez aujourd'hui ; mais de telles expériences reçoivent de leur éclatant insuccès un châtiment certain. S'il était permis de sacrifier quelques années quand l'éducation de la jeunesse et l'avenir de la patrie sont en cause, on pourrait vous abandonner à votre tentative. L'histoire se chargerait de vous en punir.

***

Continuons, en attendant, à consulter ensemble celle du passé.

Napoléon paraît : il jette, de sa main puissante, la société nouvelle dans le moule d'où il la tire organisée ; de son œuvre immense tout l'essentiel a survécu : gouvernants et gouvernés, nous en vivons. Sur un seul point, tant la loi sociale est plus forte que le génie des hommes, la conception napoléonienne s'est heurtée à la révolte de l'esprit : et c'est justement sur l'établissement de la doctrine d'État.

Issu de la Révolution, mais derrière elle apercevant l'histoire, Bonaparte construisait l'avenir avec les matériaux du passé. Le Code civil est l'adaptation au temps nouveau du travail accumulé par les anciens juristes, comme le Concordat celle des accords conclus par l'Église avec la vieille monarchie : c'est pourquoi ils ont duré. Le Premier consul, tout à cette reconstruction, commença d'abord, par les mêmes moyens, à réorganiser l'instruction publique, en se servant des lois nouvelles (c'était alors celle de floréal an X), mais en appelant à lui les instituteurs proscrits et le secours de l'idée chrétienne.

Napoléon, empereur, livré désormais à d'autres ambitions, incarnant en lui et voulant que ce fût en sa race, parce qu'il succédait au prince de l'ancien régime, l'antique notion de l'État souverain, conçut un plan nouveau. Comme il avait soumis les nations par la force des armes et subjugué les esprits par celle du génie, il crut qu'il établirait aussi son empire sur les âmes par la force des doctrines. Pour cette œuvre despotique, il ordonna que la religion et la science, à leur tour courbées sous ses lois, seraient ses complices.

L'Université, corps fermé, presque sacerdotal, reçut, par délégation du maître, l'exclusive mission d'instruire toute la jeunesse de France et de l'élever pour ses destinées militaires, en lui enseignant le christianisme officiel et le culte de l'empereur. Mais dès 1806, quand la loi constitutive de l'Université fut présentée au Corps législatif par Fourcroy, depuis quinze ans infatigable rapporteur des projets les plus divers, ce ne fut pas sans soulever de sourdes répugnances ; elle annonçait pour 1810 une loi organique qui ne vint jamais ; le maître y pourvut par les décrets de 1808 et de 1811. Ainsi naquit ce grand corps, destiné à tant de gloire par le sceau du génie qui l'avait marqué, mais à tant de luttes aussi par le funeste privilège dont il l'avait chargé.

Napoléon disparu, l'Université fut comme une place environnée d'assaillants. Le monopole était, à son flanc, un bastion offert à tous les coups.

La Restauration s'y enferma, croyant y trouver un peu de la force déposée par leur fondateur au sein des institutions impériales. Elle se trompait. La doctrine d'État ne la défendit pas plus qu'elle n'avait sauvé Napoléon. Elle eut beau paraître plus chrétienne, les catholiques n'en voulaient pas, ni les libéraux. Ceux-ci en craignaient l'oppression, ceux-là l'insuffisance : tous la repoussaient et réclamaient la liberté.

En 1817, La Mennais et Benjamin Constant donnaient à la fois, dans des camps opposés, le signal du combat. Il ne s'arrêta plus. Mgr Frayssinous, placé à la tête de l'Université, comme un drapeau sur le rempart, ne fit que le rendre plus ardent : il alarma les libéraux sans désarmer les catholiques. L'Université avait alors, comme aujourd'hui, de dangereux amis qui, se chargeant de sa défense, s'en faisaient une arme pour leurs desseins politiques. Les petits séminaires demeuraient, dans le régime du monopole, l'étroit asile de la liberté : huit étaient dirigés par les Jésuites. Les ennemis du trône, au nom de la sûreté de l'État, exigèrent qu'ils fussent livrés à l'Université. La royauté crut les apaiser en leur obéissant ; ce fut le dernier acte de la « Comédie de quinze ans ». Deux ans plus tard, la royauté n'était plus.

⁂

Elle périssait en défendant l'Université. La liberté, par sa chute, se crut victorieuse. D'elle-même, elle écrivit son nom au seuil de toutes les institutions. Le 31 juillet 1830, La Fayette, dans sa proclamation au peuple de Paris, promettait la liberté d'enseignement. Le 9 août, le duc d'Orléans prêtait serment à la Charte dont l'article 69 était ainsi conçu :

« Il sera pourvu successivement, par des lois séparées, et dans le plus bref délai possible aux objets qui suivent :

. . . .

§ 8. L'instruction publique et la liberté d'enseignement. »

Ce n'étaient pas les royalistes ni les catholiques qui avaient fait la révolution de 1830 ! Ce n'étaient pas eux qui venaient, comme une de ses conséquences nécessaires, d'annoncer une loi sur la liberté de l'enseignement, et d'en imposer la promesse au roi des Français. Ce n'étaient pas eux, davantage, qui depuis dix ans, la voulaient avec le plus d'ardeur.

J'ai nommé Benjamin Constant : M. Dunoyer, qui fut membre de l'Institut et administrateur de la Bibliothèque royale, attaquait, dans le *Censeur*, le monopole universitaire, comme « l'une des plus criantes usurpations du despotisme impérial. » En 1828, au lendemain des Ordonnances qui supprimaient les huit petits séminaires, M. Dubois, depuis inspecteur général de l'Université et directeur de l'École normale, invitait, dans le *Globe*, les amis des Jésuites « à se lever pour l'abolition du monopole ». Et il disait : « Les amis de la liberté ne manqueront pas à l'appel. » M. Renouard, plus tard conseiller d'État, déjà renommé dans le parti libéral, M. Odilon-Barrot, qui avait dit : « La loi doit être athée », M. Dupin, illustre en divers genres et particulièrement comme ennemi des Jésuites, tous, défendaient les mêmes idées : et M. Thiers accusait, dans le *National*, le corps universitaire d'être « monopoleur et inique (1) ». Voilà d'où venait l'irrésistible élan qui, d'un seul coup, au milieu même de la bataille de juillet, porta la

(1) Paul Thureau-Dangin, *Histoire de la monarchie de Juillet*.

liberté d'enseignement jusque dans la Charte.

Les catholiques l'y trouvèrent inscrite. Ils réclamèrent l'exécution de la promesse solennellement jurée. Quand Montalembert, à vingt ans, debout devant les Pairs de France, fit entendre cette voix chevaleresque dont, après plus d'un demi-siècle, l'écho n'est pas endormi, un long frémissement agita les âmes : ce jeune audacieux venait de proclamer non point sa propre liberté, mais celle de toutes les consciences. Les juges qui le condamnaient rendaient hommage à son droit, et M. Persil, procureur général disait : « Quand nous invoquons le monopole universitaire, nous nous appuyons d'une législation expirante, dont nous hâtons de tous nos vœux la prompte abrogation. »

J'ai montré, dans l'unité des croyances, rompue par la Révolution, les sources morales de la liberté d'enseignement. Voilà ses sources historiques. Où est la conspiration cléricale, où l'entreprise réactionnaire ?

Devant la commission de l'enseignement, vous avez rappelé, à l'appui de votre thèse, que le régime du monopole avait fait ses preuves, en donnant à la France des générations d'hommes illustres par leur esprit libéral. Votre argument porte à faux. Tout au plus en pourriez-vous conclure que les gouvernements sont souvent trompés par l'effet qu'ils attendent, à leur profit, de l'éducation publique : ce serait encore la condamnation pratique de votre entreprise. Mais votre constatation tourne contre vous. Les hommes dont j'ai rappelé les noms, qui furent, vers 1830, les plus décidés contre le monopole, sortaient tous des lycées de Napoléon ou de Louis XVIII. Ils n'y avaient appris ni le culte de l'empereur ni l'amour du roi : l'Université de M. Fontanes ne fit pas, de ses élèves, des impérialistes, plus que n'en fit des royalistes celle de l'évêque d'Hermopolis.

L'expérience de la doctrine d'État les conduisit à n'en plus vouloir. Quelques-uns, des plus grands, défendirent le monopole plutôt, sans doute, par nécessité de situation que par grande conviction, tel M. Cousin, lui-même, qui en signa la déchéance dans la commission de 1849, tel M. de Salvandy qui commença de l'abandonner dans son projet de 1847.

M. Guizot, dont, j'imagine, vous ne renierez pas le haut et large esprit, à peine arrivé au pouvoir, en 1832, soucieux des promesses de la Charte, fit adopter la grande loi de 1833 sur l'enseignement primaire, qui supprimait le monopole, et, sur ce terrain, donnait la liberté. En 1836, il voulut faire la même œuvre pour l'enseignement secondaire : son projet échoua, non par l'opposition des catholiques, à qui cependant il ne donnait que d'incomplètes satisfactions, non par la faute des représentants autorisés du corps universitaire, dont l'un des plus illustres, M. Saint-Marc Girardin, en fut le rapporteur : il échoua comme tant d'autres choses en ce pays, par l'intervention de l'esprit politique. M. Vatout, député, qui fut de l'Académie et fit des chansons, dont deux sont célèbres, montra à la tribune le spectre du Jésuite, vainement agité par ses soins dans la discussion de 1833. M. Dubois le combattit; ce n'était pas un clérical, mais l'un des représentants de cette génération fille du monopole, dont vous vantiez la tolérance. Cette fois, M. Vatout eut la gloire du succès : la loi de 1836, dépouillée par l'exclusion des congrégations de « son grand caractère de sincérité et de droit commun libéral », dit M. Guizot dans ses *Mémoires*, ne survécut pas à cette amputation : elle n'alla même pas jusqu'à la Chambre des Pairs : la politique l'avait tuée.

Ce fut le malheur de tous, celui surtout de l'Université. Ses chefs l'engagèrent, dès lors, dans une lutte sans grandeur, où ils sacrifièrent à l'espoir chimérique de maintenir un privilège condamné, la tradition de leur parti et la logique des situations. M. Guizot devait le reconnaître plus tard.

« Une seule solution était bonne : renoncer complètement au principe de la souveraineté de l'État en matière d'instruction publique, et adopter franchement, avec toutes ses conséquences, celui de la libre concurrence contre l'État et ses rivaux, laïques ou ecclésiastiques, particuliers ou corporations. »

Pour n'avoir pas pris ce sage et courageux parti, le gouvernement de juillet usa ses forces en des discussions stériles, s'aliénant chaque jour les catholiques, sans s'attacher leurs ennemis. Ces combats durèrent huit années : leur histoire est en toute les mémoires, comme les noms illustres des combattants. L'Université d'alors se personnifiait en M. Cousin, elle enseignait sa philosophie : c'était une philosophie d'État, « une sorte de religion philosophique officielle », dit Sainte-Beuve, que les catholiques ne pouvaient accepter, non plus que les croyants, et qui jetait les âmes tourmentées par le doute dans les angoisses presque tragiques, dont une page immortelle de Jouffroy a révélé la souffrance.

Nous sommes aujourd'hui loin de M. Cousin. L'Université est livrée au vent des doctrines contraires : que sera-t-elle demain ? Que deviendront ces groupements des Facultés, berceau des Universités nouvelles, où, sous l'apparence d'un règlement administratif, se découvre le germe d'une transformation profonde ? Quels fruits porteront les rameaux greffés sur le vieux tronc, comme cette société des Universités populaires où les professeurs coudoient les députés socialistes ? Quelle forme prendra la cité idéale que M. Léon Bourgeois décrivait, au centenaire de Michelet, « l'unité organique et vivante où s'accorderont les volontés et les cœurs ? » Qui enfin trouvera la formule destinée, suivant un mot de M. Alfred Fouillée, à fonder la moralité ?

Dans cette confusion, vous parlez de doctrine d'État, de formation commune des idées, d'accord sur les fondement constitutifs des sociétés. Sur quelles bases les pourrez-vous établir? Et qu'en diraient les libéraux de 1840 à qui l'éclectisme de M. Cousin paraissait une insupportable tyrannie?

J'ai, dans ma première lettre, évoqué l'une de ces voix d'outre-tombe, celle de M. Ledru-Rollin. Vers le même temps, Lamartine, parlant de cette conscription de l'enfance, écrivait :

« Que voulez-vous que devienne l'homme moral et intellectuel dans un état d'enseignement et de société où l'enfant... est jeté tour à tour ou tout à la fois... dans l'incrédulité et dans la foi?... Il ne lui reste, d'une pareille éducation, que juste assez des deux principes opposés dans l'âme, pour qu'il ne puisse même pas vivre en paix avec lui-même dans une vie qui a commencé par l'inconséquence et qui se prolonge dans la contradiction. »

Lamartine, Monsieur le Président, fut élevé au collège de Belley, dirigé par les Pères de la Foi, où il entra en 1803 et qu'il quitta en 1807, au moment où la main de fer qui venait de constituer l'Université allait, sur le rapport de Fouché, signer l'ordre de sa brusque dissolution. Napoléon avait dit au cardinal Fesch : « Je ne veux plus souffrir ces gens-là dans les établissements qu'ils dirigent... Si, d'ici à quinze jours, ils ne sont pas rendus dans leurs diocèses respectifs, j'ordonne qu'ils soient transportés à la Guyane. » Voilà qui s'appelle parler ! C'est ainsi que procédait le régime du monopole, si fécond en leçons de tolérance.

Lamartine ne fut point, je pense, un ennemi de la liberté : il eut cependant pour maîtres les Pères de la Foi, qui avaient gardé les traditions éducatrices des anciens Jésuites, et c'est d'eux qu'il parlait dans ces adieux touchants de sa vingtième année :

A son dernier soupir, mon âme défaillante
Bénira les mortels qui firent mon bonheur :
On entendra redire à ma bouche mourante
Leurs noms si chéris de mon cœur.

*
* *

Quarante ans plus tard, la Révolution de 1848 établissait en France la seconde République. Lamartine était son idole d'un jour. Cette république est le berceau de la nôtre. Sa constitution fut la charte nouvelle. Elle disait, en son article 9 :

« L'enseignement est libre.

« La liberté d'enseignement s'exerce sous les conditions de moralité et de capacité déterminées par les lois et sous la surveillance de l'État.

« Cette surveillance s'étend à tous les établissements d'éducation et d'enseignement sans aucune exception. »

Voilà la charte de la République. Comme en 1830, la liberté y a, d'elle-même, gravé son nom. Mais, ici, ce n'est plus une promesse, c'est une affirmation, c'est un texte de loi, la loi constitutionnelle. Deux ans après, l'article 9 de la constitution devenait la loi organique de 1850.

Ceux qui n'y voient qu'une surprise de la

réaction victorieuse, une revanche de la bourgeoisie sur les terreurs de Juin, ceux-là méconnaissent l'histoire ou n'en ont qu'une courte vue. J'ai découvert ses sources profondes dans la division des croyances née de la Révolution elle-même. J'ai montré ses origines dans les luttes engendrées par un demi-siècle de contradiction entre cet état des âmes et celui de la législation.

Ces luttes ne pouvaient se clore que par une transaction, car, des deux parts, les intérêts étaient trop graves et les convictions trop ardentes pour qu'il y eût des vainqueurs et des vaincus. La loi de 1850 fut ce traité délibéré en de longs travaux et publiquement conclu entre les consciences. Il n'y en a pas de plus honorable. Le moment est venu d'en examiner les effets. Ce sera l'objet de ma prochaine lettre.

M. Thiers, défendant devant l'Assemblée nationale la liberté pour tous, même pour les congrégations, arrivé là, dit : « Messieurs, je passe aux Jésuites. » Une voix à gauche cria : « C'est déjà fait. » Et M. Thiers : « Oui, c'est convenu, je suis un jésuite. » Puis il discuta, confondant ses adversaires.

Je fais comme M. Thiers, je passe aux Jésuites, et je tâcherai, comme lui, de répondre sur tous les points à leurs accusateurs.

En attendant, comme j'ai la coutume de vous laisser, en prenant congé, quelques paroles d'ancêtre, que je livre à vos méditations, permettez-moi de finir par ce mot de Voltaire que M. Saint-Marc Girardin citait en 1836, et qu'il disait des Jésuites, parlant de leur suppression :

« Ils élevaient la jeunesse en concurrence avec les universités, et l'émulation est une belle chose. »

Veuillez agréer, Monsieur le Président du Conseil, l'assurance nouvelle de ma considération la plus haute et la plus distinguée.

QUATRIÈME LETTRE

Paris, le 25 janvier 1900.

Monsieur le Président du Conseil,

Vers la fin de 1844, M. Villemain, alors ministre de l'instruction publique, fut atteint d'un étrange dérangement d'esprit. Un jour, il sortait avec un de ses amis, médecin distingué, de la Chambre des pairs où il avait prononcé un brillant discours ; il cheminait à pied : arrivé sur la place de la Concorde, il s'arrêta avec des signes d'effroi. « Qu'avez-vous ? lui dit son compagnon. — Comment ! vous ne voyez pas ? — Non. » Montrant alors un tas de pavés : « Tenez, il y a là des Jésuites, allons-nous-en. » Vers le même temps, raconte Sainte-Beuve, pendant que, se promenant à grands pas, il dictait à son secrétaire, le vieux Lurat, un de ses rapports annuels, il s'interrompait tout à coup, regardait au plafond et s'écriait : « A l'homme noir ! au Jésuite ! »

I

Cette maladie de M. Villemain a fait dans notre siècle de fréquentes apparitions et de nombreuses victimes. Elle s'appelle le *delirium jesuiticum*.

L'étude patiente des documents historiques et l'observation des phénomènes contemporains permettent d'en définir très nettement les caractères. Comme toute maladie qui se respecte, elle a son microbe, prompt à envahir le cerveau, où il exerce rapidement les plus grands ravages : c'est le microbe politique. Les journaux et les assemblées parlementaires lui offrent un bouillon de culture parfaitement approprié. D'habiles praticiens l'y déposent, tantôt pour déterminer un accès qui emporte les ministres ; tantôt, au contraire, pour les affermir dans leur place, en assurant qu'eux seuls pourront arrêter les progrès du mal. De là, avec une rapidité foudroyante, le fléau se répand au dehors et frappe indistinctement les imaginations populaires, incultes et faciles à troubler, ou même, si pernicieux est le redoutable microbe, les esprits les plus brillants, comme le montrent l'exemple de M. Villemain et d'autres que la suite de cet examen nous fera découvrir.

Quelquefois la terrible maladie ne borne pas ses effets à de simples crises ministérielles ; ceux qui l'ont inoculée au corps politique sont impuissants à gouverner sa marche, et elle l'ébranle au point de le bouleverser par une révolution.

C'est ce qui arriva, lors de sa première manifestation, qui fut, comme il arrive souvent, la plus violente.

⁂

Aux environs de 1826, il y avait un grand journal qui servait d'organe principal à l'opposition libérale et, en cette qualité, menait contre le ministère Villèle une campagne acharnée. Il s'appellait le *Constitutionnel*, et faisait les délices de la bourgeoisie éclairée ; ses lecteurs étaient de braves gens : ils croyaient en leur journal et se déclaraient voltairiens : ils allaient, en famille, entendre *Tartuffe* pour venger la morale et protester contre les dévots et, le soir, afin d'ennuyer le gouvernement, fredonnaient, en mettant leur bonnet de coton, le *Dieu des bonnes gens*.

Le *Constitutionnel*, avait, dit M. Nettement, « un rédacteur attitré, chargé de mettre en lumière, et d'inventer au besoin, les actes d'intolérance commis ou pouvant être commis par les curés ou les vicaires de paroisses rurales, qu'on avait soin d'indiquer uniquement par des initiales, afin d'éviter les rectifications et les démentis ». On appelait cet écrivain le rédacteur des articles bêtes, voulant dire qu'on se servait de son ministère pour faire, suivant le mot de Mme de Staël, « prendre pour étendard une bêtise, au peuple le plus spirituel de la terre ».

Cependant la guerre contre les ministres ne marchait pas comme on voulait. Un jour que le pauvre rédacteur s'en plaignait à un ami :

« Eh ! dit cet autre, tu fais fausse route ; laisse là les curés et attaque-toi aux Jésuites ; va-t'en sur le quai, tu y trouveras des bouquins où on a ramassé tout ce qui s'est écrit, depuis cent ans, contre eux : achète ce fatras, et fais tes articles avec ! »

Le conseil était bon, et le *Constitutionnel* le suivit. Il avait trouvé le microbe ! Les Jésuites avaient alors leur noviciat à Montrouge. Le *Constitutionnel* en fit de terrifiantes descriptions : c'était un château-fort, environné de fossés, flanqué de bastions, où le général des Jésuites résidait avec sa cour : là, des Jésuites, troupe innombrable, faisaient, chaque nuit, l'exercice à feu dans les caves, qui communiquaient par des souterrains avec les Tuileries ; là, on enseignait l'art de la corruption et la doctrine du régicide, on préparait la loi du sacrilège et celle du droit d'aînesse. Là, on entassait l'or et l'argent de la France, et on s'en servait pour construire ailleurs d'autres forteresses. « Avec ces richesses, les Jésuites, disait le *Constitutionnel*, viennent d'acheter pour 1,100,000 francs l'ancienne abbaye du Mont-Saint-Martin, près de Saint-Quentin ! A

École, près de Besançon, ils font bâtir un palais, d'où ils travaillent à diriger les élections... » Le notaire chargé d'administrer le Mont-Saint-Martin écrivait aussitôt que l'abbaye n'était pas vendue ; en Franche-Comté, les Jésuites n'avaient aucun établissement, ils le déclaraient immédiatement. Mais les démentis n'y faisaient rien. Le *delirium* avait éclaté ! Quand la diligence qui faisait le service d'Orléans à Paris arrivait à la hauteur de Montrouge, le conducteur disait aux voyageurs : « Regardez cette plaine, ce parc, ce grand village, tout cela est aux Jésuites. » Et, montrant le clocher de l'église paroissiale : « Cette tour est armée de je ne sais combien de canons ! »

⁂

Le *Constitutionnel* n'était pas seul dans cette honorable entreprise. Un allié puissant lui était venu, d'un bord inattendu. C'était Antoine-Dominique de Reynaud, comte de Montlosier, catholique, royaliste et déjà septuagénaire, célèbre par une phrase prononcée, disait-on, à l'Assemblée nationale de 1790, et que Chateaubriand assure avoir « ratissée » : « Vous ôtez aux évêques leur croix d'or : ils prendront une croix de bois, et c'est une croix de bois qui a sauvé le monde. » Cet homme impétueux qui, au temps de la Révolution, proposait, pour la vaincre, de faire entrer processionnellement en France tous les Capucins d'Europe, avait ballotté son existence agitée des Bourbons à Napoléon, « se jetant à travers les armées pour apporter son obéissance au roi », puis saluant l'empereur aux Cent-Jours comme « l'astre auquel on doit élever des colonnes ». Enfin, au terme de sa vie, sortant de ses montagnes d'Auvergne pour un coup décisif, il publiait le fameux *Mémoire à consulter sur un système politique et religieux tendant à renverser la religion, la société et le trône.*

« Au lieu de la Bastille, on a aperçu Montrouge ; au lieu de la chevalerie, on a trouvé des moines ; au lieu de l'ancienne noblesse, la Congrégation. Tout cela nous est advenu comme une fantasmagorie. Il a fallu plusieurs années pour y croire. Les Jésuites remplissaient la France, et on ne les y savait pas. Les congrégations occupaient toutes les positions, et on ne les voyait pas. »

Et là-dessus, mêlant tout, accumulant les inventions les plus étranges, les erreurs les plus criantes, le nouvel ennemi du *parti prêtre* échafaudait ce roman de la « Congrégation », qui devait rendre désormais son nom fameux dans l'histoire et, en dépit des réfutations, des preuves et de l'évidence, fournir d'arguments, pour tout un siècle, les continuateurs de son édifiante besogne. Sa gloire, en effet, a de quoi les tenter, car son succès fut immense. Avant le *Mémoire*, il y avait eu des pamphlets en vers et en prose contre les Jésuites, les petits vers de Barthélemy et Méry, *la Villéliade*, *la Corbiéréïde*, où l'on chansonnait agréablement le P. Ronsin, directeur de la Congrégation :

Le Père Ronsin
A payé l'orgie;
Du Bourgogne saint
La lèvre rougie,
Dans la tabagie
Dormons sans coussin.

Cela était déjà bien fait pour transporter les âmes, avides de liberté.

M. Dupin, l'aîné, avait aussi traduit de Tite-Live l'épisode des Bacchanales, publié sous ce titre : *Procès fait à la Congrégation des Bacchanales*. Le morceau avait ravi tout le monde par les analogies que les mots de *congrégation*, *affiliation*, *doctrines secrètes*, faisaient délicatement apercevoir et qui, dit M. Dupin lui-même, parurent frappantes.

Mais c'était des jeux. Tout fut éclipsé par l'éclat du *Mémoire à consulter*. Enfin, on voyait clair et chacun sait que péril dévoilé est à moitié conjuré. La Congrégation! Il n'en fallait plus douter, c'était l'explication de tous les maux dont souffrait la monarchie : il n'y avait qu'à l'abattre pour tout sauver. Car la Congrégation, c'étaient les ministres de la maison du roi, les pairs et les députés, l'armée et la magistrature, la guerre d'Espagne et don Miguel, et tout cela, c'étaient les Jésuites, Jésuites avoués et Jésuites secrets, puissance occulte et mystérieuse « qui possède le système d'affiliation le plus perfectionné depuis Pythagore », et qui gouverne tout, la politique intérieure, les affaires étrangères, le choix des fonctionnaires, l'avancement des officiers, tout par la main du P. Ronsin.

Ce fut un transport. Le *Journal des Débats* appela M. de Montlosier le « flambeau de la France » et s'écria : « Le nom sinistre des Jésuites... parcourt la France entière, mais sur l'aile de la terreur qu'il inspire. »

Les réponses, les dénégations vinrent aussitôt.

On expliqua que la Congrégation était une association de piété et de charité, créée sur le modèle des Congrégations de la Sainte-Vierge, nombreuses avant la Révolution, par le P. Delpuits, dont Lacordaire a dit : « J'ai plaisir à le nommer : d'autres ont acquis plus de gloire dans leurs rapports avec la jeunesse de France; aucun ne l'a méritée davantage. » Elle fut fondée, le 2 février 1801, entre dix jeunes gens, tous étudiants en médecine ou en droit, réunis dans la chambre du P. Delpuits; plus tard, on s'assembla dans la chapelle haute des Missions étrangères, et de là, dit M. Eugène de la Gournerie, qui parle en témoin, après avoir entendu la messe, le plus souvent communié côte à côte « on se séparait heureux et forts, comme des frères qui s'aiment et qui ont prié ensemble », pour aller « assister les malades dans les hôpitaux, consoler les prisonniers dans leurs geôles, ou réunir les petits Savoyards pour leur tenir lieu d'instituteurs et de pères ». En ce temps-là, le préfet de la Congrégation s'appelait Laënnec.

A la Cour royale de Paris, devant laquelle M. de Montlosier avait porté son mémoire sous forme de dénonciation, un conseiller, M. Jules Gossin, dit : « Je suis congréganiste... : depuis huit ans que je suis avec assiduité les exercices, je n'ai pas entendu proférer..., je ne dirai pas une phrase, mais un seul mot qui ait eu un trait, même détourné, avec la politique et les événements du jour, ou qui soit appliqué à toute autre chose qu'à la pratique des devoirs religieux pris dans le sens le plus étroit. »

M. de Montlosier avait écrit : « Pour la Chambre des députés, au mois d'avril dernier, le public comptait tantôt cent trente membres de la Congrégation, tantôt cent cinquante. Un député, membre de la Congrégation, que j'ai pu interroger, ne m'en a accusé que cent cinq. Depuis ce temps, on assure que le nombre a augmenté. »

Le vicomte de Saint-Chamans, maître des

requêtes au Conseil d'État, membre de la Chambre des députés, répondait dans une brochure intitulée : *Du Croquemitaine de M. le comte de Montlosier, de M. de Pradt et de bien d'autres :* « Il y a tout juste cinq membres de la Chambre actuelle des députés qui ont fait, ou font partie de la Congrégation, et leur concours est d'autant moins dangereux qu'ils ne votent pas tous les cinq de la même manière. »

M. de Montlosier avait encore écrit : « J'apprends en ce moment par un recensement nouvellement fait que la Congrégation renferme en France 48,000 individus. Le moyen, a dit un grand personnage congréganiste, de résister à une semblable puissance ? »

Au moment où paraissait le *Mémoire*, le nombre des admissions dans la Congrégation depuis 1801, date de sa fondation, avait été de 1,219, et, comme il faut retrancher de ce chiffre celui des morts, plus de 150, il en restait à peine un millier.

Rien n'y fit. Le *delirium* était à son comble. Ceux qui l'avaient déchaîné, pour le mieux surexciter acceptaient tous les concours, jusqu'à celui d'un novice défroqué, nommé Martial

Marcet de la Roche-Arnaud, qui publiait *le Jésuite moderne*, honteux amas de calomnies dirigées contre ses anciens maîtres, et, entre autres, contre le P. Gury, supérieur de Montrouge.

Vingt ans plus tard, Martial Marcet devait rétracter et désavouer son livre : « Ce fut, dit-il, l'esprit de parti qui me mêla dans ce déchaînement dont les Jésuites furent les victimes, me dicta les extravagantes horreurs que je débitai au public, et ce fut à cette honteuse condition de multiplier les plus incroyables faussetés que je dus le succès populaire d'un jour dont jouissaient alors ces déplorables productions. »

Le succès, il l'avait eu, en effet, et retentissant. Le *Constitutionnel* délirait ; les cerveaux s'exaltaient : un jeune homme proposait au P. Gury un duel à mort au pistolet ou à l'épée.

⁂

La folie gagnait d'autres têtes. M. Dupin avait été, un an plus tôt, conduit par un ami, visiter le célèbre petit séminaire de Saint-Acheul dont la prospérité était, pour une grosse part, le secret de toute la campagne. Reçu avec distinction, il avait répondu au discours de bienvenue prononcé par un des élèves par des paroles attendries : « Je vois, Messieurs, que Saint-Acheul est justement célèbre ; l'éducation qu'il vous donne ne peut avoir que d'heureux succès ; n'est-elle pas fondée sur la vérité, c'est-à-dire sur la religion, hors de laquelle il n'y a point de salut, parce qu'elle seule est la vérité ? Oui, comme une autre Cornélie, cette maison pourra se glorifier de tels enfants... »

Le lendemain, qui était la fête du Sacré-Cœur, il y avait procession. M. Dupin est invité, il accepte. Le supérieur de la maison lui offre un des cordons du dais : c'était le P. Loriquet : « Mais je n'en suis pas digne, » proteste M. Dupin. « Personne, en effet, n'en est digne sur la terre », riposte le Jésuite ; et M. Dupin de prendre le cordon, armé duquel il suivit dévotement la procession.

Ce fut, au bruit du scandale, une tempête dans la presse. Le *Constitutionnel* lança des foudres. L'illustre avocat fut épouvanté : la maladie universelle le saisit ; les Jésuites lui parurent d'autant plus menaçants qu'il avait vu le danger de plus près. A son tour, il fit trembler : « Sentez, s'écria-t-il, sentez les coups de cette épée dont la poignée est à Rome et la pointe partout! »

L'année suivante, devenu député, il se précipita un jour dans la salle des séances, s'élança à la tribune, et annonça, d'une voix agitée par l'émotion, qu'on avait osé afficher le chiffre de la Compagnie de Jésus à la porte de l'enceinte parlementaire : la séance fut suspendue, les questeurs sortirent, suivis d'une foule de députés, et, dehors, on trouva les préparatifs d'un reposoir, disposé pour la procession de la Fête-Dieu, au-dessus duquel paraissait le monogramme du Christ.

Le cas de M. Dupin était d'une particulière gravité. D'autres, moins fortement atteints, ressentaient cependant un malaise étrange. « Ils n'en mouraient pas tous, mais tous étaient frappés. » Le 25 mai 1826, comme on discutait, à la Chambre, le budget des cultes, Mgr Frayssinous crut bien faire de venir honnêtement expliquer les choses, ce qu'était la Congrégation et ce qu'étaient les petits séminaires. Casimir Périer l'entend, il bondit à la tribune, et, aussitôt : « La voilà donc reconnue officiellement, cette Congrégation mystérieuse.., Ce n'est pas un fantôme ! Elle a pris naissance dans des temps de troubles, elle est donc politique. » Casimir Périer (1) !...

⁂

Ces souvenirs historiques, Monsieur le Président, n'ont, hélas ! ne le trouvez-vous point, que trop d'actualité. La maladie a reparu parmi nous, avec les mêmes symptômes, avec le même microbe aussi, facile à reconnaître pour un œil exercé. Depuis deux ans, il pullule, avec une prodigieuse intensité, dans l'atmosphère brûlante de l'affaire Dreyfus, d'abord acharné sur le pauvre M. Méline, qu'il conduisit bien vite au tombeau, et maintenant attaché à votre propre personne, où vous l'avez vous-même imprudemment installé, croyant trouver en son activité quelque vie factice, mais qu'il dévorera,

(1) Pour toute l'histoire de la Congrégation et des attaques contre les Jésuites, sous la Restauration, on peut consulter Nettement, *Histoire de la Restauration;* Crêtineau-Joly, *Histoire de la Compagnie de Jésus;* Geoffroy de Grandmaison, *la Congrégation;* Edmond Biré, *les Légendes révolutionnaires.*

soyez-en sûr, plus tôt peut-être que vous ne pensez.

Les phénomènes n'ont pas changé. C'est bien toujours le *delirium* d'autrefois.

Le *Siècle* a remplacé le *Constitutionnel*, et M. Yves Guyot succède à M. de Montlosier. Il a découvert une association de malfaiteurs, semblable à la Maffia napolitaine, qui est, comme chacun sait, une association de vol, d'oppression et de meurtre. Ce sont les Jésuites.

« Ils sont campés au milieu de nous, pour nous exploiter à l'aide de la bêtise des uns, des passions des autres, par la ruse, par la violence, par le crime. Un Jésuite ne recule devant rien. La fin justifie les moyens. »

M. Yves Guyot avait cru, pendant longtemps, que le *Juif Errant* d'Eugène Sue n'était qu'un produit de l'imagination. Mais il a bien été obligé de se rendre. C'est de l'histoire, de l'histoire véridique. Rodin est au milieu de nous !

Les preuves ? M. Yves Guyot en a plein les mains, comme M. de Montlosier ! Car il a vu les Jésuites lancer la France dans l'aventure boulangiste, puis, battus avec le brave général, inventer les scandales du Panama, en poussant au Parlement et à la tribune un de leurs hommes, Jules Delahaye; il les a vus en même temps fonder la *Libre Parole* « au profit de Drumont, qui engage la campagne antisémite pour les venger des décrets ».

M. Yves Guyot a vu tout cela : où ? comment ? il ne le dit pas, il ne pourra jamais le dire.

Aucun de ceux qui furent, à un titre quelconque, mêlés à la campagne boulangiste n'y a rencontré un Jésuite. On en a montré les coulisses ; les amis du général ont publié son mémorial ; son secrétaire a mis sur la scène toutes ses aventures ! Aucun Jésuite n'y a paru. Personne de ses familiers n'en a vu.

Raison de plus. « C'est, dira M. Yves Guyot, la preuve de leur dissimulation et de leur habileté. »

Les scandales du Panama ont occupé, pendant des années, le Parlement, la presse et les tribunaux, avec quel éclat et quel bruit, chacun le sait : une grande commission parlementaire a fouillé les documents, perquisitionné les maisons de Banque, compulsé les livres, interrogé cent témoins : M. Henri Brisson la présidait ; on connaît sa rigueur ! Nulle part, on n'a trouvé les Jésuites. Qu'importe ! Ils étaient invisibles, donc ils étaient là.

M. Drumont, dans son journal, a durement malmené les Jésuites et leurs amis, et la « veule » génération de leurs élèves : il s'est plaint, non sans vivacité, qu'ils fussent réfractaires à l'antisémitisme et trop enclins à ménager les Juifs, ne voyant en eux, au lieu d'une race à combattre, que des âmes à convertir. Si vous vous arrêtez à cela, il faut désespérer de vous : les Jésuites ont justement fondé la *Libre Parole* pour qu'elle les attaquât, afin de mieux tromper les gens ! c'est le fin de leur politique.

Et, du reste, à quoi bon tant disputer ? Est-ce que dans l'affaire Dreyfus les Jésuites ne sont pas partout ? Dans ma première lettre j'ai montré que leurs élèves n'étaient nulle part parmi les officiers mêlés au procès, qu'on n'en avait trouvé du côté des juges qu'un seul, qui passe pour avoir acquitté, et du côté des témoins que six, dont trois à décharge ! Raisonnement enfantin ! Est-ce que la *Libre Parole* n'a pas été la première informée de l'arrestation de Dreyfus ? Et, la *Libre Parole* ayant été fondée par les Jésuites, la preuve n'est-elle pas faite ?

***

Et, puisqu'il faut tout dire, est-ce que le général de Boisdeffre n'a pas pour confesseur le P. du Lac ? De quoi peut-il être question dans la confession d'un général, sinon de l'affaire Dreyfus ? On sait que ce P. du Lac « a été surpris voulant inventer la dame voilée pour perdre Picquart ». L'accusation, ici, est de poids, étant venue, devant la Cour de cassation, d'un propos de M. Bertulus : la presse l'a saisie, et vous savez le tapage ! Le P. du Lac ne pouvait rien dire, on le mettait en cause comme confesseur : il fallait qu'il se tût, quoi qu'il en dût coûter !

Depuis Jean Népomucène, l'histoire de l'Église est pleine de ces traits du plus auguste des silences. Je suis l'ami du P. du Lac depuis vingt-neuf ans : je sais de quelle hauteur son cœur d'homme et son âme de prêtre dominent ces calomnies ! Tous ceux qui le connaissent, et c'est une foule, le savent aussi. Mais la caution est mauvaise, bien plus elle est accablante. Je suis affilié, et cette foule avec moi : je suis l'homme du P. du Lac, le Jésuite secret de Montlosier. Il me faut avouer cela. Henri IV disait au P. Barisoni, envoyé du Père général Aquaviva : « Mon père, assurez M. votre général que je suis Jésuite en mon âme, quoique ma robe soit courte. » Cette parole nous console, nous autres, Jésuites de robe courte.

Mais, enfin, cette dame voilée ? il faut répondre. C'est au général de Pellieux que le P. du Lac l'aurait dénoncée ? J'ai l'honneur d'être le camarade d'École militaire et l'ami de M. le général de Pellieux. Je lui ai demandé la vérité : il m'a donné sa parole que jamais il n'avait vu le P. du Lac, ni reçu de lui aucune communication directe ou indirecte.

Qu'est-ce que cela fait ? cela prouve la dissimulation et l'habileté du P. du Lac : voilà tout !

Et la cause est entendue : « Les Jésuites non seulement sont les ennemis de la République, mais ils sont les ennemis de la nation, qu'ils cherchent à diviser, dont ils veulent ameuter une partie contre l'autre. Ils veulent que la France recommence l'histoire de l'Espagne. S'adressant aux foules, ils veulent refaire, au dix-neuvième siècle, l'état mental qui a déchaîné les guerres religieuses du seizième siècle, s'est épanoui dans le massacre de la Saint-Barthélemy, et a continué ses ravages lors de la révocation de l'édit de Nantes. Ce sont des agents de guerre civile. »

Et, s'ils préparent des candidats à l'École polytechnique et à Saint-Cyr, n'ayez pas la naïveté de croire que ce soit par amour de la France, car, étant Jésuites, ils ne peuvent avoir de patriotisme : c'est tout simplement qu'ils « veulent avoir avec eux les chefs de l'armée, s'imaginant que, par un coup de force, ils saisiront le pouvoir et règneront dans le silence et la terreur ».

* * *

J'ai cité cet article de M. Yves Guyot publié dans le *Siècle* du 28 octobre 1899 et intitulé : *Une association de malfaiteurs*, parce qu'il m'a paru résumer admirablement toute la campagne dont vos projets de loi sont le couronnement. Pendant deux ans, elle a rempli les journaux, aujourd'hui les plus dévoués à votre ministère. Pendant deux ans, on a dénoncé les Jésuites, et, sous leur nom, le cléricalisme, comme, en 1828, on dénonçait, sous leur nom, le parti prêtre. C'étaient le 16 mai, le boulangisme, le Panama, l'antisémitisme, l'affaire Dreyfus et le ministère Méline, comme autrefois le sacrilège, le droit d'aînesse, le billet de confession, la guerre d'Espagne et le ministère Villèle. Le *delirium* a reparu.

M. Yves Guyot, parlant des Jésuites, disait : « Beaumarchais, dans son morceau de Basile, a résumé toute leur politique. » Il avait bien raison de nous remettre le morceau en mémoire : il l'en faut remercier. Nous n'y pensons pas assez, nous autres catholiques.

« Croyez, dit Basile, qu'il n'y a pas de plate méchanceté, pas d'horreurs, pas de conte absurde, qu'on ne fasse adopter aux oisifs d'une grande ville, en s'y prenant bien ; et nous avons ici des gens d'une adresse !... »

Depuis Basile, on a fait du chemin. Ce ne sont plus seulement les oisifs qui sont pris.

Le *Siècle* a répandu dans le pays une pétition pour demander l'expulsion des Jésuites, parce qu'ils « n'ont pas cessé d'être mêlés à toutes les agitations qui ont eu pour objet de renverser la république parlementaire, libérale et laïque : ils ont fait les campagnes les plus odieuses, ils n'ont reculé devant aucune calomnie »... et, en tête des membres du comité formé pour organiser ce pétitionnement, on lit avec stupeur le nom de M. E. Duclaux, membre de l'Institut.

Mais pourquoi s'étonner ? A la Chambre, on en a vu d'autres ; M. Dupin a été dépassé, et c'est l'honorable M. Tourgnol qui l'a remplacé. Le 7 décembre 1890, il disait, répondant à M. l'abbé Gayraud :

« S'il y a des persécutés, ce sont les civils qui sont exploités et persécutés par vos congrégations. Et vous le savez aussi bien que moi. Oui, lorsque les congrégations sont installées dans une localité, il serait peut-être téméraire de soutenir que tout ira pour le mieux. J'en sais quelque chose, Monsieur l'abbé. — *M. le général Jacquey* : « Vous y avez été ? » « Non, mais j'ai été voisin de certaines congrégations, et j'ai pu constater leurs manœuvres. »

Horrible ! Qu'a vu M. Tourgnol ? Que lui ont fait ses redoutables voisins ? Il ne l'a pas dit, c'eût été « peut-être téméraire ».Mais les Jésuites! Pour ceux-là, M. Tourgnol dira tout, advienne que pourra! Car c'est trop grave.

« Ils font le commerce dans le monde entier, et leurs cinquante-huit vaisseaux parcourent toutes les mers. Oui, Messieurs, allez à Bordeaux, dans tous nos ports, et vous les verrez, vous reconnaîtrez leurs vaisseaux à leur pavillon blanc et noir. A Bordeaux, ne trouvez-vous pas leurs grandes maisons de commerce, ne savez-vous pas qu'ils rapportent de tous les pays du monde des trésors immenses qu'ils renferment...? »

M. Tourgnol n'est pas un oisif de grande ville. C'est un ancien principal de collège! Cela me remet en mémoire un brave paysan de basse Bretagne, qui n'était pas un oisif non plus, et qui, il y a vingt ans, se plaignant de la persécution religieuse inaugurée par les lois de M. Jules Ferry, disait : « Tout de même, pour les Jésuites, c'est sûr qu'ils ont la puissance de jeter des sorts et que, cette année, ils ont fait souffler le mauvais vent. C'est eux qui sont cause qu'il n'y a pas de pommes. »

Le *delirium!*

II

Et, avec lui, voilà tous les symptômes ordinaires. Ce sont les Jésuites qui ont fait assassiner Henri IV, d'abord par Pierre Barrière, puis par Jean Chastel. Dans l'interrogatoire de Barrière, il n'est pas question de Jésuites; mais il s'est confessé à l'un d'eux, le P. Varade; il est vrai qu'il ne lui a pas dit un mot de son projet criminel. Cela n'importe pas, il faut qu'un Jésuite l'ait poussé; l'Université et le Parlement de Paris l'ont résolu : c'est assez. Chastel a appris la philosophie sous le P. Guéret, jésuite, il l'avoue dans la torture; il n'en faut pas plus. Le Parlement ordonne de perquisitionner chez les Jésuites. L'un d'eux, le P. Guignard, a écrit quatre ans plus tôt, en 1589, un libelle injurieux pour le roi de Navarre; c'était alors le langage de toute l'Université, du Parlement lui-même. Le P. Guignard n'a pas publié son libelle, c'est un manuscrit. Il n'importe. Guignard sera pendu en place de Grève, pour avoir armé le bras de Chastel. Sur le lieu du supplice, il crie son innocence; L'Estoile rapporte ses paroles : « Il fit une prière tout haut pour Sa Majesté..., puis pria le peuple de n'ajouter foi légèrement aux faux rapports qu'on faisait courir des Jésuites... déclarant que jamais ils n'avaient procuré ni approuvé la mort de roi quelconque. » Vaines protestations! Le Parlement décide que les Jésuites seront chassés et qu'une pyramide, élevée sur les ruines de la maison où vivait Jean Chastel, transmettrait aux âges futurs la double flétrissure du meurtrier écartelé et des religieux proscrits.

Dix ans plus tard, Henri IV, en possession du trône laborieusement conquis, délivré de ses ennemis, affranchi de ses amis, rappelle les Jésuites et dit au premier président, Achille de Harlay, en réponse à ses remontrances :

« Touchant Barrière, tant s'en faut qu'un Jésuite l'ait confessé, comme vous dictes, que je fus averti par un Jésuite de son entreprise et un autre lui dict qu'il serait damné s'il l'osait entreprendre. Quant à Chastel, les tourments ne lui peurent arracher aucune accusation à l'encontre de Varade ou autre Jésuite quelconque : et, si autrement estait, pourquoi les auriez-vous épargnés ? Car celui qui fut exécuté le fut sur un autre subject que l'on dit s'estre trouvé dans ses escrits. »

Le témoignage est éclatant, sans doute, non moins que l'insigne faveur dont, à partir de cette année 1603 et jusqu'à sa mort, Henri IV honora les Jésuites, ce qui n'empêcha pas qu'avec la même bonne foi on ne les accusât aussi d'avoir armé le bras de Ravaillac ; mais rien n'y fait. Trois cents ans plus tard, on répétera que les Jésuites ont assassiné Henri IV et qu'il les faut chasser pour le venger.

Il faut aussi venger Louis XV du coup de canif de Damiens. Cet homme avait servi comme domestique chez les Jésuites. C'est assez. Il est vrai qu'il avait, ensuite, passé chez des Parlementaires, et qu'il était devenu janséniste ardent. Il est vrai aussi que Voltaire, six ans plus tard, écrivait à Damilaville : « Mes frères, vous devez vous apercevoir que je n'ai point ménagé les Jésuites ; mais je soulèverais la postérité en leur faveur si je les accusais d'un crime dont l'Europe et Damiens les ont justifiés. Je ne serais qu'un vil écho des jansénistes, si je parlais autrement. »

Voltaire est bien scrupuleux! D'autres le seront moins et les Jésuites passeront à la postérité chargés du régicide de Damiens, comme du régicide de Jean Chastel. Ils le seront de bien autre chose, des rancunes de Mme de Pompadour, des persécutions du duc de Choiseul, de la haine des Encyclopédistes, du compte-rendu de M. de La Chalotais et des arrêts du Parlement.

***

Ces politiques si savants, de morale si complaisante, avaient cependant, par conscience et par devoir, résolûment tenu tête aux caprices religieux de Louis XV et de la favorite. Le P. de Sacy refusait obstinément l'absolution à la marquise. Les PP. Perusseau et Desmarets la refusaient au roi.

Ce fut la perte des Jésuites. Depuis deux cents ans on les condamne à cause de cela. Tout le procès de 1762 est sorti de là; une colère de femme a produit cette immense iniquité. Depuis deux cents ans on invoque contre eux la même procédure : tout ce qui a servi à l'échafauder est encore à la mode.

En l'année 1561, au lendemain du colloque de Poissy, Calvin, irrité du triomphe remporté par le P. Laynez, dont la parole décisive avait entraîné la dissolution de l'Assemblée, vouait désormais une haine implacable aux défenseurs de l'Église romaine. Espérant déshonorer sa doctrine, il avait fait publier une prétendue *Théologie morale des Papistes*. En 1632, le ministre protestant Dumoulin, « presque le pape de toute la Réformation », dit Guy Patin, réédita le livre de Calvin dans son *Catalogue ou dénombrement des traditions romaines*. Puis, en 1644, le pamphlet prit le titre plus précis de *Théologie morale des Jésuites*, d'où le docteur Perrault tira en 1667, *la Morale des Jésuites extraite fidèlement de leurs livres*. C'était toujours le même libelle, recueil de textes tronqués et de doctrines faussées, destinés à montrer que l'Église romaine d'abord, puis les Jésuites, légitimaient tous les crimes et prêtaient la main à toutes les monstruosités.

De 1669 à 1694, l'ouvrage toujours grossi et

amplifié, devint, sous la direction d'Arnauld et des jansénistes, une véritable encyclopédie, sous le titre de *Morale pratique des Jésuites*. Enfin, vers 1760, ces deux siècles de calomnies vinrent aboutir aux *Extraits des assertions dangereuses et pernicieuses de tout genre que les soi-disant Jésuites ont, de tout temps et persévéramment, soutenues, enseignées et publiées :* œuvre, dit-on, de l'abbé de Chauvelin, chanoine de Notre-Dame, secondé par l'abbé Goujet, Minard et Roussel de Latour, conseiller au Parlement.

Ce fut l'acte d'accusation de 1762.

Dès qu'il parut, il fut publiquement réfuté. On démontra qu'il renfermait sept cent cinquante-huit textes falsifiés. Les évêques le condamnèrent, le Pape le censura. Mais le Parlement déclara que ses commissaires avaient tout vérifié, supprima le bref du Pape et fit brûler les mandements des évêques. L'*Extrait des assertions*, ainsi cautionné, a traversé les âges. On le produit encore comme un argument décisif.

Les *Monita secreta* étaient un manuel infâme, ridicule à force d'odieux, où, à l'aide d'une ignoble parodie des constitutions de la Compagnie, on prétendait faire connaître les avis secrets destinés à apprendre aux seuls Jésuites initiés, auxquels tous les autres obéissent aveuglément, l'art d'accaparer les héritages, de capter la fortune des veuves et l'appui des grands, de dominer, par la confession, la conscience des rois. Il parut, en 1612, à Cracovie, sans nom d'auteur. On découvrit que c'était l'œuvre d'un Polonais nommé Jérome Zaorowski, ancien Jésuite chassé de la Compagnie et curé de Gozdziec ; il fut condamné en 1616 par les évêques de Pologne, en 1621 par le Saint-Siège, comme calomnieux et apocryphe. Dès lors il tomba dans l'oubli dont, en 1761, le tirèrent les ennemis des Jésuites, qui le firent réimprimer à Paris, avec une note des éditeurs annonçant qu'on l'avait trouvé à Paderborn, dans la bibliothèque de la Compagnie. C'est cela qu'on publie encore aujourd'hui pour appuyer la pétition contre les Jésuites ! Comme le *Constitutionnel* de 1828, on va chercher sur les quais les bouquins où se trouve ramassé tout ce qui s'est écrit contre les Jésuites, on les achète et on fait ses articles avec ce « fatras ».

Mais ce n'est pas moi qui puis m'en étonner. J'ai eu l'honneur, il y a près d'un quart de siècle, de servir d'occasion au premier assaut donné aux congrégations par les nouveaux députés de la troisième République, la première aux Jésuites, disait Gambetta en me répondant.

Je venais d'entrer dans la vie politique et il s'agissait d'invalider mon élection : on préludait, alors, à ce mode d'organisation du suffrage universel, qui, depuis, est devenu un procédé de gouvernement si fructueux. Je fus l'objet d'attentions particulières, dont je ne puis parler qu'avec une modeste discrétion ; j'eus deux rapporteurs : un rapporteur de fait, un rapporteur de droit. Celui-ci était l'excellent M. Guichard, député de l'Yonne, qui penchait, je m'en souviens, pour qu'on me validât personnellement, et qu'à ma place, on invalidât les congrégations. Son rapport fut un monument : il parut si beau qu'on ne le discuta pas, et, l'année suivante, M. Guichard, s'en étant bien trouvé, lui emprunta la partie principale de son rapport sur le budget des cultes. Tout était dans ce mémorable travail, la pragmatique sanction de saint Louis, que M. Guichard croyait authentique, la déclaration de 1682, les articles organiques, les ordonnances de 1828 contre les petits séminaires et la réaction de 1850.

Mais il y avait surtout, c'était le gros morceau, il y avait les arrêts du Parlement de 1762, escortés, comme il convient, de Damiens et de Chastel, et, comme pièce de résistance, la révélation sensationnelle de l'*Extrait des assertions!* J'entends encore l'accès d'invincible hilarité qui s'empara de la Chambre, laquelle, cependant, ne plaisantait pas sur le cléricalisme, j'ai quelques raisons de le savoir, lorsque M. Numa Baragnon fit apparaître le respectable M. Guichard, costumé en conseiller au Parlement, le compte-rendu de M. de La Chalotais sous le bras, se rendant au Palais, au petit pas, monté sur sa mule. On rit, mais on ne fut point désarmé. Je fus invalidé.

⁂

C'était l'ouverture. La grande pièce allait commencer, elle occupa toute une année, de 1879 à 1880, avec le drame de l'article 7 et des décrets du 29 mars.

M. Paul Bert en fut le metteur en scène. Il écrasa les Jésuites sous le poids de citations accablantes du R. P. Liguori, du R. P. Moullet, du R. P. Humbert! On ne savait où se tourner. Le lendemain, on montra à M. Paul Bert que saint Alphonse de Liguori n'avait jamais été Jésuite, que le P. Moullet était, tout simplement, l'abbé Moullet, prêtre séculier, professeur au grand séminaire de Fribourg, que le R. P. Humbert était un bon abbé, missionnaire de campagne, mort en 1779.

M. Paul Bert se rattrapa sur le P. Gury, neveu du supérieur de Montrouge dont j'ai parlé, et professeur au Collège Romain : — M. Paul Bert, par inadvertance, disait le collège de Rome. Le savant député égaya la Chambre, à la façon de Pascal, avec des cas de conscience, et en particulier avec celui de Tityre, pasteur de brebis, condamné par le tribunal à l'amende et à des dommages-intérêts, pour avoir commis certains dégâts dans un champ avec son troupeau. Il juge, ce berger malheureux, que la sentence est inique, et le casuiste se demande si Tityre peut se compenser des dommages-intérêts sur les biens du particulier, de l'amende sur les biens du fisc. M. Paul Bert, ayant exposé l'affaire, dit : « Le casuiste répond affirmativement, sans hésitation. C'est comme cela! il suffit, Messieurs, de trouver une sentence inique. » Et la Chambre de rire, d'un rire scandalisé. Le lendemain, M. Granier de Cassagnac, le père, apporta à la tribune le texte du P. Gury et il lut : « Tityre a agi injustement en se compensant, car il avait été condamné justement. Il y avait eu réellement un dommage causé, et, de plus, chez le berger, une faute au moins juridique qui justifie suffisamment la sentence. Donc Tityre est tenu à restitution. » M. Paul Bert s'expliqua : « Il y a deux Tityres », dit-il. On vérifia encore. Il n'y avait pas deux Tityres, mais deux cas pour le même Tityre. Premier cas : Tityre s'endort, et, durant son sommeil, le troupeau dont il a la garde, ravage le champ du voisin. Tityre est coupable, dit le P. Gury. Deuxième cas : L'âne de Tityre a été enlevé durant la nuit par un voleur : l'animal s'évade et broute le champ du voisin. Tityre n'est pas responsable, dit le P. Gury. M. Paul Bert avait, toujours par inadvertance, appliqué au premier cas la solution du second.

Mais le coup était porté, et, dans une assemblée, cela suffit. Au reste, si M. Paul Bert avait mal lu le P. Gury, il n'était pas responsable des faux jésuites; car il avait pris exactement toutes ses citations dans un pamphlet publié en 1844 par M. Génin, sous ce titre : *les Jésuites et l'Université*. Génin, lui-même, avait copié le livre d'un protestant nommé Frédéric Busch, imprimé à Strasbourg l'année d'avant, et intitulé : *Découvertes d'un bibliophile ou Lettres sur différents points de morale enseignés dans les séminaires de France*. Ce livre où, entre autres crimes, le vol était excusé par la casuistique, soulevait au plus haut point l'indignation de M. Libri, inspecteur général des Bibliothèques du royaume, célèbre depuis par la condamnation infamante que lui valurent ses détournements dans les établissements confiés à sa surveillance.

C'était au temps de la seconde épidémie de *delirium* qui marqua les dernières années du gouvernement de Juillet, et atteignit si violemment MM. Michelet et Quinet, dont le Collège de France entendit alors, au milieu du tumulte, les furieuses leçons sur les Jésuites. Michelet disait, décrivant le jésuitisme : « Tout un peuple vivant comme une maison de Jésuites, c'est-à-dire, du haut en bas, occupé à se dénoncer. La trahison au foyer même, la femme espion du mari, l'enfant de la mère. Nul bruit, mais un triste murmure, un bruissement de gens qui confessent les péchés d'autrui, qui se travaillent les uns les autres et se rongent tout doucement. Ceci n'est pas, comme on peut croire, un tableau d'imagination. Je vois d'ici tel peuple que les Jésuites enfoncent chaque jour d'un degré dans cet enfer de boues éternelles. »

Pendant qu'au Collège de France, d'illustres professeurs jetaient de telles paroles aux passions de la jeunesse intellectuelle, la foule recevait aussi d'une autre main, sa pâture quotidienne. Eugène Sue publiait en livraisons le *Juif-Errant*, devenu aujourd'hui le manuel historique de M. Yves Guyot.

III

Mais je vous entends, Monsieur le Président, et vous m'arrêtez là. « Qui parle, dites-vous, du *Juif-Errant*, des *Monita*, et de l'*Extrait des assertions?* M. Yves Guyot n'est pas le gouvernement. Si nous ne voulons plus permettre aux Jésuites d'élever la jeunesse, ce n'est pas pour ce que vous dites, c'est à cause des *Provinciales.* » Il est vrai et je m'excuse. M. Jonnart l'avait annoncé : il faut renouveler l'immortelle flétrissure de Pascal ! Cela est urgent, le gouvernement et la Chambre n'y peuvent manquer. Je ne l'avais pas oublié, mais tout ne se peut dire en une fois.

J'y viens donc, non sans tristesse : car j'ai, là-dessus, le sentiment qu'exprimait Mgr d'Hulst dans le *Correspondant* du 25 septembre 1890 :

« Ce n'est pas sans douleur que nous voyons des imprudents réveiller le souvenir néfaste des *Provinciales.* Il nous serait si bon de les oublier pour n'avoir plus devant les yeux que l'image attachante et respectée du plus grand peut-être des génies chrétiens et français, de l'homme dont on peut dire que nul n'a possédé à un plus haut degré, avec la puissance pénétrante de la raison, les surprenantes divinations du cœur... Les dernières années de sa vie, nul ne l'ignore, ont été un martyre.

« Oui, Pascal est mort victime du jansénisme... Avoir terni la gloire de Pascal, l'avoir fait mourir à trente-neuf ans, c'est ce que pour ma part, je ne pardonnerai jamais à MM. de Port-Royal ».

L'opinion de Mgr d'Hulst n'est pas, sans doute, pour vous émouvoir. Ce sont propos de cléricaux.

Mais M. Sylvestre de Sacy, dont le vieux nom janséniste garantit peut-être les sentiments à l'égard de Pascal, écrivait aussi en 1877, en tête d'une nouvelle édition des *Lettres provinciales :*

« Pascal, s'il revenait au monde, referait-il les *Lettres provinciales ?* Se rangerait-il avec les ennemis des Jésuites et recommencerait-il contre eux cette lutte terrible dans laquelle, après bien des vicissitudes, les Jésuites ont fini par triompher catholiquement ? Je suis convaincu que non. Car, je vous en prie, quels auxiliaires aurait-il ? En quelle compagnie se trouverait-il ? »

Cela est dur. Mais convenez aussi que le spectacle est admirable de tous ces incroyants, les plus ennemis de l'Eglise et les plus dédaigneux de ses doctrines, déclarant à l'envi Pascal infaillible, quand il flétrit les Jésuites et le laissant là, comme les autres, quand il met son génie au service de la foi!

« Tout le livre, dit Voltaire, dans le *Siècle de Louis XIV*, tout le livre portait sur un fondement faux. On attribuait adroitement à toute la Société les opinions extravagantes de plusieurs Jésuites espagnols et flamands. On les aurait déterrées aussi bien chez les casuistes Dominicains ou Franciscains. Mais c'était aux seuls Jésuites qu'on en voulait. Il ne s'agissait pas d'avoir raison, il s'agissait de divertir le public. »

Vous savez le chapitre qui n'est pas un plaidoyer pour la « faction des Jésuites ». Ce n'est point pour les défendre que Voltaire a écrit.

Le divertissement eut des suites qu'après deux cents ans nous sentons encore et que Pascal ne prévoyait pas. Je pense comme M. Sylvestre de Sacy que, revenant en ce monde, il serait effrayé de son œuvre, et de la besogne pour laquelle on l'invoque. Car, continue la préface de 1877, « n'est-il pas plus clair que le jour qu'à l'heure actuelle, sous le nom de Jésuites, c'est l'Église catholique tout entière qu'on attaque, derrière l'Église catholique le christianisme même, et, avec le christianisme, toute foi en Dieu, toute croyance à l'immortalité de l'âme et en une vie future ? »

Vous avez lu les dix-huit *Lettres* tout entières jusqu'au bout, j'en suis sûr, et M. Jonnart aussi. Mais parmi ceux qui, demain peut-être, vont, sur votre invitation, renouveler l'immortelle flétrissure, combien savent de quoi il s'agit et se soucient de Jansenius et des cinq propositions, du droit et du fait, de la grâce suffisante et de la grâce efficace, du probabilisme et du probabiliorisme ?

*
* *

En gros, la plupart ont appris que Pascal a écrit contre la morale des Jésuites. C'est assez, Pascal a raison.

« Si les *Provinciales,* dit Joseph de Maistre, avec le même mérite littéraire, avaient été écrites contre les Pères Capucins, il y a longtemps qu'on n'en parlerait plus. » On le vit bien par ce qui arriva au P. Daniel. Ce Jésuite voulut faire ce que dit Voltaire. Il prit une des *Lettres* de

Pascal, la cinquième, sans y rien changer, en se bornant à remplacer les textes et les noms des Jésuites, par des textes semblables, exactement copiés chez les auteurs Dominicains.

La preuve qu'il fit ainsi est décisive. La doctrine des opinions probables, sur quoi Pascal a si fort égayé le monde, aux dépens des Jésuites, est identique chez les autres casuistes.

Mais qui, dans la foule, s'en inquiète ? Lisez Voltaire : « C'est aux Jésuites qu'on en veut. » Il faut dire de la morale des Jésuites, comme Pascal, à la fin de la troisième *Lettre*, de l'hérésie de M. Arnauld. Ce ne sont pas leurs sentiments qui sont immoraux, ce n'est que leur personne. Ils ne sont pas immoraux pour ce qu'ils ont dit ou écrit, mais seulement pour ce qu'ils sont Jésuites.

C'est l'histoire de Paul-Louis Courier et de son juré, après la condamnation du *Simple discours :* « Si au lieu de ce pamphlet sur la souscription de Chambord, j'eusse fait un volume, un ouvrage, l'auriez-vous condamné ? — Selon. — J'entends, vous l'auriez lu d'abord... Mais le pamphlet vous ne le lisez pas ?—Non,... qui dit pamphlet dit un écrit tout plein de poison. — Du poison ? — Oui, Monsieur... votre pamphlet... je ne le connais point : mais... il y a du poison. M. le Procureur du roi nous l'a dit. »

Voilà justement nos flétrisseurs. Si au lieu des Jésuites c'étaient d'autres qui eussent écrit sur les cas de conscience, les flétririez-vous ? — Selon. — Vous les liriez d'abord : mais les Jésuites, vous ne les lisez pas ? — Non,... qui dit Jésuite, dit poison — Du poison ? — Oui, Monsieur, vos Jésuites, je ne les connais point : mais il y a du poison. Pascal l'a dit et M. Jonnart assure qu'il a raison.

Je voudrais cependant, avec votre agrément, raisonner un peu sur ce poison. Non pas que je prétende ici disserter longuement à propos d'Escobar et des quatre animaux et des vingt-quatre vieillards, mais seulement éclaircir le sujet pour l'intelligence de notre discussion.

Vous n'attendez pas, par exemple, que je m'arrête beaucoup sur le cas de ce bénéficier à qui les Jésuites permettent de désirer, sans aucun péché mortel, la mort de celui qui a pension sur son bénéfice.

M. Joseph Bertrand a écrit dans son *Blaise*

Pascal un chapitre sur les *Provinciales* où éclate toute la verve de son esprit, encore bien que la théologie ne s'accommode pas toujours de ses opinions, comme Mgr d'Hulst l'a montré dans l'article que j'ai cité. Il a raconté, de façon charmante, l'affaire du bénéficier :

« Le bénéfice conféré à Diego est grevé d'une rente viagère en faveur d'un vieux chanoine. Le curé Diego reste fort gêné ; le chauffage de ses serres, l'entretien de ses réservoirs et de ses canaux dépasse ses ressources. Il faudrait, pour les réparer, réduire ses aumônes ; il n'y veut pas songer ; mais, en voyant souffrir son beau jardin, il s'écrie, moitié riant, moitié sérieux : « Ce vieux chanoine vit bien longtemps ! Heureusement, ajoute-t-il, que les souhaits ne tuent pas, il serait en danger. » Diego a manqué de charité. Il veut s'en confesser. Valentia lève les épaules. »

On voit bien que M. Bertrand les lève aussi. Il est l'un des quarante, et il ne voudrait pas, assurément, qu'on refusât l'absolution aux futurs confrères qui, d'aventure, regardant la coupole, s'avisent de penser de ceux qu'elle abrite comme le bénéficier de son chanoine.

Je ne vous retiendrai pas non plus sur la scabreuse histoire, que Pascal a rendue si plaisante, de cet homme dispensé de jeûner par l'autorité d'un des vingt-quatre vieillards d'Escobar, parce qu'il s'est fatigué à courir après une fille.

Il me faudrait citer toute la page où Sainte-Beuve a montré comment Pascal a tronqué le texte de l'honnête Filliucius, l'un de ces vingt-quatre, pour le rendre plus gai, cédant ainsi à l'habitude. Car, dit Sainte-Beuve, « Pascal, comme tous les gens d'esprit qui citent, tire légèrement à lui... Parfois, il arrache quatre mots de tout un passage, quand cela lui va et sert à ses fins », et je me laisserais peut-être aller, toujours feuilletant le *Port-Royal* de Sainte-Beuve, à vous rappeler ce qu'il dit, touchant la manière dont Pascal se défend d'être de Port-Royal par des raisons qui ne se peuvent entendre « qu'en un sens quelque peu jésuitique », ce qui l'induit à conclure : « Si toutes les *Provinciales* éiaient vraies comme cette assertion-là, il ne faudrait pas trop s'étonner que de Maistre ait mis à côté du *Menteur* de Corneille ce qu'il appelle les *Menteuses* de Pascal. »

Ce n'est pas mon dessein de m'attarder en ces discussions, mais plutôt de vous conter une surprise assez plaisante qui m'advint ces jours derniers.

*
* *

Comme j'étais à rêver de ces *Provinciales* et de l'immortelle flétrissure, je voulus relire ce morceau de la neuvième *Lettre* dont les Jésuites demeurent accablés.

« Savez-vous comment il faut faire quand on ne trouve point de mots équivoques ? — Non, mon père. — Je m'en doutais bien, cela est nouveau. C'est la doctrine de la restriction mentale. Sanchez la donne au même lieu. On peut jurer, dit-il, qu'on n'a pas fait une chose, quoiqu'on l'ait faite effectivement, en entendant en soi-même qu'on ne l'a pas faite un certain jour... » Vous connaissez le passage dont on a coutume de dire que c'est là, proprement, la morale des Jésuites.

Et l'ayant lu, je songeais, me disant : cette restriction mentale ne laisse pas, à la vérité, que d'être embarrassante; quand, par grand hasard, mes yeux tombèrent sur un livre que j'avais là, tout ouvert, intitulé : *l'Éducation de la volonté*. Il est de M. Jules Payot, agrégé de philosophie, docteur ès lettres et inspecteur d'académie, un des moralistes, que je crois, les plus estimés de l'Université. Voici ce que j'y aperçus :

« Un étudiant, travailleur, veut se débarrasser des importunités de compagnons de plaisir. Il sait, par exemple, que tel camarade cherchera à l'entraîner, soit à la brasserie, soit à la promenade ; il peut parfaitement préparer d'avance les formules de refus, ou si le refus pur et simple lui est pénible, il peut préparer un mensonge et couper court à toute insistance. »

Vous pensez l'étonnement ! Comment ! me dis-je, mais c'est la doctrine de la restriction mentale ! Car, de dire une chose qui n'est pas, en entendant, à part soi, que c'est seulement pour éviter un refus pénible, cela est bien comme de jurer qu'on n'a pas fait une chose, en entendant à part soi qu'on ne l'a pas faite tel jour, pour s'éviter la peine de chercher des mots équivoques.

Je fus, tout de suite, soulagé d'un grand

poids touchant les Jésuites, et je le fus bien plus encore quand, poursuivant ma lecture, je vis au bas de la même page cette note curieuse :

« Nous n'approuvons nullement l'intransigaance de Kant sur le mensonge. Comment! il me serait permis de tuer un homme lorsque je suis en état de légitime défense, et le mensonge ne serait point permis dans ce même cas de légitime défense contre les indiscrets ? C'est plus qu'un droit, c'est un devoir de défendre contre eux son travail et sa pensée. C'est bien souvent la seule arme qu'on ait pour se protéger sans offenser gravement autrui. Le mensonge impardonnable, odieux, c'est le mensonge nuisible à quelqu'un. Une vérité dite avec l'intention de nuire est aussi coupable qu'un mensonge. Ce qui fait l'acte coupable, c'est l'intention malveillante. »

Pour le coup, me dis-je, voilà qui est bien, et qui vient à point pour fortifier la doctrine des jésuites sur la direction d'intention dont Pascal leur a fait un si grand reproche : « Nous corrigeons le vice du moyen par la pureté de la fin. »

Et M. Jules Payot dit, comme le P. Sanchez et le P. Filliucius, que « c'est l'intention qui règle la qualité de l'action (1) ».

*
* *

Cette rencontre me porta à mieux réfléchir sur la matière des cas de conscience, et, comme je me trouvais, peu de jours après, avec un ami, magistrat retiré, la conversation étant venue sur l'objet qui m'occupait l'esprit, je lui fis part de mes incertitudes, quant aux casuistes et à leur utilité. Mais cet ancien juge me dit aussitôt : « Que ne vous troublez-vous aussi des

(1) Les citations de M. Jules Payot sont tirées de la première édition de son livre, qui est de 1884. Dans la dixième, celle de 1900, il a substitué dans le texte au mot *mensonge* le mot *excuse*; mais il a maintenu la note sur l'intransigeance de Kant : seulement il y a remplacé le mot *mensonge* qui figurait cinq fois dans la note de la première édition, la première fois par *sur ce point*; la seconde par une *défaite*; la troisième et la quatrième par *l'excuse*; la cinquième par une *inexactitude*. Ce sont bien des mots pour rendre la même pensée qui, dans le premier texte, était plus claire, et qui se résume dans la maxime finale, conservée par la dixième édition : que c'est l'intention malveillante qui fait l'acte coupable.

jurisconsultes? Leur état est le même : les casuistes font pour l'Évangile, ainsi que les jurisconsultes pour la législation. » Et comme je m'étonnais un peu : « En voici la preuve », me dit-il. Là-dessus, prenant mon Dalloz, il y lut ceci :

Arrêt de la Cour de cassation (Ch. criminelle) du 7 janvier 1864. (D. P. 1864, I, p. 327).

« *Résumé.* Le refus frauduleux de rendre un objet que son propriétaire a volontairement remis ne saurait, alors même que la remise n'a été que momentanée et faite sous la condition implicite d'une restitution immédiate, être qualifié de vol. (C. pén., 379 et 401.)

« Ainsi, est à tort condamné comme coupable de ce délit, l'individu qui, ayant obtenu la remise d'une pièce de 20 francs pour l'examiner sous les yeux de son propriétaire, a opposé un refus de s'en dessaisir, à la demande de restitution à lui adressée l'instant d'après. »

Ayant cité l'extrait du rapport de M. Faustin-Hélie, Dalloz ajoute en note :

« On comprend quelle importance aurait l'extension de l'arrêt de la Cour de cassation, au fait du détournement d'une chose dont la remise aurait été provoquée par une demande mensongère; un grand nombre de fraudes que jusqu'ici on avait classées parmi les vols et les filouteries échapperaient désormais à toute répression. »

Cette doctrine de la non-restitution est encore établie, continua le bon juge, d'une autre manière, non moins décisive. Et, reprenant le Dalloz, il lut de nouveau :

Arrêt de la cour de cassation (Ch. criminelle) du 5 janvier 1861. (D. P. 1861, I, p. 48.)

« *Résumé*. Le fait d'un individu auquel a été remis, par erreur, un colis expédié par le chemin de fer, de l'avoir gardé et de s'en être approprié frauduleusement le contenu, est à tort considéré comme constitutif de vol. (C. pén., 401.)

« Alors surtout que le juge admet hypothétiquement que l'idée de détournement n'est survenue que postérieurement à la reconnaissance de l'erreur. »

J'étais bien surpris, car je pensais, à part moi, à ces maximes d'Escobar sur les biens acquis par voies honteuses et criminelles, que Pascal a si justement flétries et qui demeurent à la confusion des Jésuites. Je n'en sentais pas clairement la différence.

***

Mais mon ami ne me permit point de respirer. « Je vois, dit-il, que vous n'entendez rien à la jurisprudence. Je pourrais vous citer bien d'autres traits surprenants de nos meilleurs magistrats. Ainsi, on s'étonne souvent de cette maxime de Lessius, qu'Escobar rapporte également, touchant les indigents, « qu'il est permis de dérober, non seulement dans une extrême nécessité, mais encore dans une nécessité grave, quoique non extrême ». Cela n'est rien! N'avez-vous pas gardé le souvenir d'un arrêt de la Cour d'Amiens, confirmant un jugement du tribunal de Château-Thierry, qui fit assez de bruit en son temps et causa beaucoup de joie parmi les ennemis des Jésuites? Le voici :

Arrêt de la Cour d'Amiens confirmant celui du tribunal de Château-Thierry.

« *Résumé* (d'après le *Journal du Palais*, 1899, 1er cahier, 2e p., p. 1) : Le fait de dérober un pain sous l'empire de la faim n'est pas constitutif d'un vol, si les circonstances exceptionnelles de la cause ne permettent pas d'affirmer que l'intention frauduleuse ait existé au moment de l'acte reproché.

« Le tribunal correctionnel de Château-Thierry avait acquitté Mlle Ménard, poursuivie pour avoir, sous l'empire de la faim, volé un pain chez un boulanger, par un jugement du 4 mars 1898, ainsi conçu : « Le tribunal; —
« Attendu que la fille Ménard, prévenue de vol,
« reconnaît avoir pris un pain dans la boutique
« du boulanger P... ;

« Attendu que la prévenue a à sa charge un enfant de deux ans pour lequel personne ne lui vient en aide, et que, depuis un certain temps, elle est sans travail, malgré ses recherches pour s'en procurer; qu'elle est bien notée dans sa commune et passe pour laborieuse et bonne mère ;

« Attendu qu'au moment où la prévenue a pris un pain chez le boulanger P..., elle n'avait pas d'argent, et que les denrées qu'elle avait reçues (du Bureau de bienfaisance) étaient épuisées depuis trente-six heures; que ni elle ni sa mère n'avaient mangé pendant ce laps de temps, laissant pour l'enfant les quelques gouttes de lait qui étaient dans la maison;

« Attendu... qu'un acte ordinairement répréhensible perd beaucoup de son caractère frauduleux lorsque celui qui le commet n'agit que par l'impérieux besoin de se procurer un aliment de première nécessité, sans lequel la nature se refuse à mettre en œuvre notre constitution physique; que l'intention frauduleuse est encore bien plus atténuée lorsqu'aux tortures aiguës de la faim vient se joindre comme dans l'espèce, le désir, si naturel chez une mère, de les éviter au jeune enfant dont elle a la charge; qu'il en résulte que tous les caractères de l'appréhension frauduleuse librement et volontairement perpétrée ne se retrouvent pas dans le fait accompli par la fille Ménard qui s'offre à désintéresser le boulanger P... sur le premier travail qu'elle pourra se procurer; qu'en conséquence, il y a lieu de la renvoyer des fins des poursuites; — Par ces motifs, renvoie la fille Ménard des fins des poursuites, etc. »

Pour le coup, je fus transporté d'aise, et je connus combien Pascal a tort d'argumenter contre Lessius sur ce qu' « il n'y a guère de gens dans le monde qui ne trouvent leur nécessité grave, et à qui il ne donne par là le pouvoir de dérober en sûreté de conscience »; puisque aussi bien on pourrait disputer contre ce magistrat de Château-Thierry, dont, au demeurant, j'approuve fort la sentence, sur ce qu'il n'y a guère de voleurs qui ne prétendent trouver à leur action des circonstances exceptionnelles, et ne cherchent à nier l'intention frauduleuse; en sorte que, déclarer cette femme innocente, ce serait, comme dit Pascal, « ouvrir la porte à une infinité de larcins »..., « car enfin, n'est-ce pas... faire tort à son prochain que de lui faire perdre son bien pour en profiter soi-même? »

Il fallut me rendre là-dessus, et je n'eus plus qu'à m'écrier : « Les rencontres de cette sorte sont, en Dieu, l'effet de sa providence... Si ceux-là n'avaient parlé, ceux-ci ne seraient pas sauvés... » Ainsi s'exprime le P. Collet, à la fin de la huitième *Lettre,* prouvant ainsi solidement, dit Pascal, cette proposition qu'il avait avancée : « Combien il est utile qu'il y ait un grand nombre d'auteurs qui écrivent de la théologie morale! »

***

Vous me direz qu'il ne faut pas tant généraliser, que les juges sont obligés d'envisager les espèces particulières, et qu'enfin les principes du droit et de la justice furent assez bien établis chez nous par beaucoup de jurisconsultes éminents et d'illustres magistrats dont s'honore notre histoire, pour qu'on ne prétende pas les ébranler par quelques arrêts rendus en des cas exceptionnels.

J'en suis d'avis et aussi vous dirais-je comme Voltaire l'écrivait en 1746 au P. de La Tour : « C'est sur quoi je ne cesse de m'étonner qu'on puisse les (Jésuites) accuser d'enseigner une morale corruptrice. Ils ont eu, comme les autres religieux, dans des temps de ténèbres, des casuistes qui ont traité le pour et le contre des questions aujourd'hui éclaircies ou mises en oubli. Mais, de bonne foi, est-ce par la satire ingénieuse des *Lettres provinciales* qu'on doit juger de leur morale? C'est assurément par le P. Bourdaloue, par le P. Cheminais, par leurs autres prédicateurs, par leurs missionnaires.

« Qu'on mette en parallèle les *Lettres provinciales* et les sermons du P. Bourdaloue : on apprendra dans les premières l'art de la raillerie, celui de présenter des choses indifférentes sous des faces criminelles, celui d'insulter avec éloquence; on apprendra avec le P. Bourdaloue à être sévère à soi-même et indulgent pour les autres... Je demande alors de quel côté est la vraie morale, et lequel de ces deux types est utile aux hommes. J'ose le dire, il n'y a rien de plus contradictoire, rien de plus honteux pour l'humanité que d'accuser de morale relâchée des hommes qui mènent en Europe la vie la plus dure, et qui vont chercher la mort au bout de l'Asie ou de l'Amérique. »

Voltaire avait beau écrire sa lettre pour se faire ouvrir les portes de l'Académie, il n'en disait pas moins la vérité, qui saute à tous les yeux.

Il n'y a rien de plus contradictoire, de plus honteux pour l'humanité que cette flétrissure qu'on prétend, pour des querelles de casuistique, infliger à des hommes dont les noms, depuis Bellarmin et Bourdaloue jusqu'au P. de Ravignan et au P. Secchi, sont illustres dans le monde entier par la doctrine, la parole et la science ; à des hommes qui, depuis Saint François Xavier, ont porté leur dévouement et versé leur sang pour la civilisation chrétienne sur toutes les plages de la terre, et qui, aujourd'hui même, font aimer et respecter le nom français, des Échelles du Levant aux extrémités de l'Asie, des brûlants rivages de Madagascar aux glaces de l'Alaska.

Il n'y a rien de plus contradictoire, de plus honteux pour l'humanité que cette flétrissure qu'on prétend, sous prétexte de morale relâchée, infliger à des hommes qui vivent au milieu de nous, que chacun, lorsqu'il les approche, est contraint d'admirer pour leur vertu, à des hommes dont, en son temps, d'Alembert lui-même, écrivant sur la *Destruction des Jésuites,* disait, après avoir énuméré leurs titres littéraires et scientifiques : « A tous ces moyens d'augmenter leur considération et leur crédit, ils en joignent un autre non moins efficace, c'est la régularité de la conduite et des mœurs... Quoi qu'en ait publié la calomnie, il faut avouer qu'aucun ordre religieux ne donne moins de prise à cet égard. »

⁂

Il y a vingt-quatre ans, un procès était engagé devant la Cour de Paris, contre des journaux qui avaient accusé de fraude, dans les concours, les élèves de l'école Sainte-Geneviève.

L'avocat qui les défendait, Mᵉ Cléry, renouvela contre les Jésuites toutes les violences familières, avec l'*Extrait des assertions* et les *Monita secreta*. Quand il eut fini, le plaignant se leva : c'était un Jésuite. Il s'exprima ainsi :

« Ces hommes, dont on vient de parler, qui ont quinze, vingt ans de plus que moi, qui ont porté l'épée avant d'être Jésuites, ils m'obéissent avec une promptitude et un dévouement qui m'édifient. Si je les faisais venir dans ma chambre et si je leur disais : « Tenez, il y a là une veuve « riche, isolée, c'est une dévote, vous allez tâcher

« de l'entourer de vos soins de manière à cap-
« ter son héritage » ; ou bien si j'ajoutais : « Voici
« un élève bien doué, il a du talent, il aura de
« la fortune, il est vertueux, il a tout pour lui,
« tâchez de le circonvenir » ; ah ! je vous le dis, ces Pères, je les connais, en m'entendant parler ainsi, leur main saurait retrouver leur épée ; ils ne m'en perceraient pas le cœur parce que je n'en serais pas digne, mais ils me frapperaient du plat et ils auraient raison. C'est tout ce que j'aurais mérité, car je leur aurais demandé une infamie, et mon père, s'il venait à l'apprendre — j'ai encore le bonheur de l'avoir — mon père que j'ai quitté pour entrer dans la Compagnie de Jésus, mon père me renierait, et ce châtiment suprême ne serait que juste. Je vous demande pardon, Messieurs, de l'émotion qui m'entraîne ; mais j'ai tout quitté, ma famille, tout ce que j'aimais pour entrer dans la Compagnie. C'est maintenant ma mère, et en l'entendant traiter comme on l'a fait tout à l'heure, mon devoir était de protester devant vous. Je n'ai pu le faire sans m'animer trop ; je vous ai prouvé du moins que, si, en lisant ces calomnies, vous avez fait entendre une protesta-

tion qui a paru indignée, la mienne l'est. »

Le religieux qui prononçait ces paroles émues et fières s'appelait le P. du Lac. Il faisait, alors, le dur apprentissage de l'injure et de la calomnie. Depuis, il en fut abreuvé. Voici trois ans que son nom est, chaque jour, livré à toutes les haines, à toutes les colères, sans qu'un acte, sans qu'un mot de sa part y ait pu donner prise. Tout lui est un crime, l'amitié que je lui porte, depuis vingt-neuf ans, parce que je suis député et mêlé à la confusion des partis, celle que lui garde, depuis les sombres jours de la défense nationale, le général de Boisdeffre, parce qu'il est général et victime des déchirements de la patrie, l'affection des cœurs attachés au sien dès les bancs du collège par son inépuisable dévouement, la confiance des âmes soutenues dans les œuvres les plus diverses par son admirable charité.

Témoin de sa vie, je lui devais cet hommage et aussi cette protestation contre ses ennemis.

Ses ennemis ! pourquoi en aurait-il ? Aussi bien, n'est-ce pas lui qu'on poursuit. Peut-être en est-il qui, l'ayant entendu ou rencontré, diraient comme Royer-Collard à Sainte-Beuve du P. de Ravignan, au moment où paraissait son petit livre : *de l'Existence et de l'Institut des Jésuites* : « J'ai lu sa brochure, elle est bien, mais j'ai dit en finissant : voilà un homme qui se croit Jésuite. Il a la candeur de croire qu'il l'est. »

Le P. du Lac a cette candeur. C'est pourquoi on le flétrit. Mais « son nom, après tout, n'est qu'un symbole », ainsi que M. Ranc l'a écrit un jour. C'est le Jésuite! Et, à son tour, comme le P. de Ravignan, en 1845, il pourrait s'écrier :

« L'histoire dira, peut-être, quelle fut l'étrange puissance d'un nom pour exciter les haines, appeler toutes les injures, provoquer tous les genres d'attaques, pour répandre des frayeurs stupides, égarer la raison des plus sages, faire fléchir les esprits les plus fermes... L'histoire le dira peut-être : aujourd'hui, c'est un mystère. »

IV

Le mystère, cependant, commence à s'éclaircir. M. Joseph Bertrand, dans son *Blaise Pascal*, le découvre déjà, et je ne résiste pas au plaisir d'enrichir ma lettre de cette citation.

« Les Universités, dit-il, se croyant capables et dignes d'instruire la jeunesse, ne toléraient pas qu'on les y aidât. Les collèges des Jésuites faisaient offense à « cette fille aînée de « nos rois, cette vierge pudique, cette fleuris« sante pucelle, perle unique du monde, dia« mant de la France, escarboucle du royaume, « une des fleurs de lys de Paris, la plus blanche « de toutes », pour être plus clair à l'Université de Paris. »

Voilà bien l'affaire. Les Jésuites avaient des collèges qui réussissaient et, de toutes parts, attiraient les élèves. La concurrence effrayait et on voulait s'en défaire en chassant les concurrents. « Quel droit avez-vous, leur disait l'Université, de vouloir vous agrandir tous les jours à nos dépens..., parce que vous avez eu assez de succès dans vos intrigues pour vous faire confier les études de quelques enfants de naissance ? » Aujourd'hui on dit : Ce n'est pas votre mérite qui fait votre succès ; ce sont vos intrigues qui persuadent à la bourgeoisie de vous confier ses enfants, pour se mettre à la mode et jouer au gentilhomme. Au fond, c'est toujours la même chose. On a peur de la concurrence.

C'est l'explication du mystère. Elle est tout entière dans les rapports du budget de l'instruction publique, depuis celui de M. Bouge qui, il y a trois ans, donna l'alarme, jusqu'à celui de M. Maurice Faure, qui, cette année même, revient à la charge et précise les conclusions. On a appelé cela la crise universitaire. C'est un mot qui frappe le public, et, vraiment nous aurions mauvaise grâce à nous en plaindre. Si les maîtres de l'enseignement libre fondaient sur la réclame la confiance des familles, ils n'en auraient pu souhaiter une plus magnifique. A entendre les rapporteurs, il semble que l'Université soit en train de perdre tous ses élèves, que les lycées et les collèges se vident, que les grandes écoles de l'État ne soient recrutées que par les établissements congréganistes. Seigneur! gardez-moi de mes amis! L'Université peut, à bon droit, adresser au ciel cette fervente prière.

Ce n'est pas mon métier de répondre à ces apologistes imprévus. Cependant les chiffres sont là : il faut bien que chacun s'y rende. En 1876, l'Université avait 79,231 élèves; en 1898, elle en a 86,321. En 1876, l'enseignement libre avait 78,065 élèves; en 1898, il en a 77,368. Les situations sont restées à peu près les mêmes; la raison en est simple, c'est que l'état moral qui résulte de la division des croyances et des opinions n'a guère changé. J'ai, dans ma première lettre, établi les proportions pour les admissions à l'École polytechnique, à Saint-Cyr, à l'École navale. M. Aynard, dans le beau, sincère et courageux rapport qu'il vient de déposer au nom de la commission de l'enseignement, fait, d'après les chiffres officiels, des constatations semblables aux miennes. L'Université fait admettre à l'École polytechnique les sept huitièmes de ses élèves, à Saint-Cyr les trois quarts, à l'École navale un peu moins des deux tiers.

Telle est la vérité. Elle ne fait pas le compte de nos politiques. Ce n'était pas cela qu'on espérait. On avait pensé, il y a vingt ans, qu'avec les décrets du 29 mars 1880 et la désorganisation des collèges religieux qui en est résultée, avec l'argent dépensé, les faveurs prodiguées et la pression de toute la machine gouvernementale, on avait pensé qu'on tuerait l'enseignement libre, qu'il n'en resterait plus rien que des ruines éparses, comme, après une guerre victorieuse, des restes de murailles attestent les édifices renversés. Les faits ont trompé les calculs. Il aurait fallu tuer les âmes. On ne l'a pas pu : personne ne le peut.

De là, les colères et les rapports qu'elles ont dictés, mauvaises conseillères comme toujours. Car il y avait bien une crise universitaire, mais non pas celle qu'on voulait dire. Et, pour avoir dénoncé l'une, qui n'était pas une crise, mais l'effet d'un état spécial permanent, on a fait apparaître l'autre, qui était bien plus qu'une crise, une maladie chronique.

*
* *

La commission de l'enseignement, nommée pour examiner les remèdes au mal imaginaire proposés par les politiques, a reçu de l'Université elle-même l'aveu de son mal véritable. Devant elle, le corps enseignant a confessé ses faiblesses et montré ses plaies. Instruction, éducation, méthodes, programmes, examens, tout a été passé au crible avec une sincérité presque brutale. Aussitôt deux courants, venus de sources opposées, ont partagé les idées. Les uns ont dit : Voilà les maux qui nous tourmentent, travaillons à nous guérir en nous réformant nous-mêmes. Les autres ont répondu : Vous voyez le mal, mais vous n'en apercevez pas la cause, elle est dans la concurrence qui nous gêne ; il faut d'abord tuer la concurrence. D'un côté, la grande masse de l'Université, avant tout occupée de sa mission ; de l'autre, sa fraction politique, hantée par la gloire de quelques-uns des siens.

Entre ces deux courants, les jacobins ont pris leur route accoutumée. Battus dans la discussion, ils ont fait appel à la force. Le rapport de M. Maurice Faure pour le budget de cette année montre la tactique :

« On ne saurait se dissimuler que, dans l'état présent, une partie de la jeunesse française ne reçoit pas une éducation républicaine, et que, loin d'être élevée dans le désir d'affermir et d'étendre l'œuvre de la Révolution française, elle est instruite à la mépriser et incitée à la combattre...

« Votre commission du budget n'a pas qualité pour provoquer des mesures législatives nouvelles en vue d'assurer, contre de redoutables et envahissants rivaux, la protection de l'enseignement secondaire public. C'est au gouvernement, et il s'en est préoccupé, d'en prendre l'initiative ; c'est à la commission de l'enseignement de se mettre d'accord avec lui sur les moyens les plus prompts et les plus efficaces qu'il convient d'employer. Mais le droit certain de la commission du budget, son devoir impérieux est de demander au gouvernement, dans un intérêt politique qui est en même temps un intérêt budgétaire, de ne pas laisser faiblir entre ses mains l'autorité qu'il tient des lois et des règlements, pour la défense de l'État enseignant, représenté par l'Université, contre les entreprises de ses adversaires congréganistes, soutenus par toutes les forces hostiles à la République. »

Cela veut dire, autrement qu'en style parlementaire : « Le gouvernement, obéissant à nos sommations, a proposé la loi sur le stage scolaire, c'est bien, mais c'est trop lent : la commission ne nous inspire pas confiance. En attendant la loi, que le gouvernement agisse ! Qu'il oblige ses fonctionnaires, sous menace de destitution, à mettre leurs enfants au lycée, ce sera toujours un commencement, qui décidera du reste. »

Voilà, contre la crise universitaire, ce qu'après trois ans de rapports successifs « ces docteurs ont trouvé ! Ils assureront à l'Université, dit M. Gabriel Syveton, une clientèle fixe, puisée dans le corps des fonctionnaires ; ils en feront, à tout le moins, s'ils n'en peuvent faire autre chose, une machine à élever les fils de fonctionnaires et les fonctionnaires futurs. »

Mais, pour ce minimum de jacobinisme lui-même, il faut donner des raisons. Le Jésuite apparaît ici à point nommé. Benjamin Constant disait un jour à M. de Corcelle : « On a vraiment bien tort de s'embarrasser pour l'opposition ; quand on n'a rien,... eh bien, il reste les Jésuites ; je les sonne comme un valet de chambre, ils arrivent toujours (1). »

On a sonné les Jésuites. C'est M. Aulard qui a tiré la cloche. D'autres l'ont aidé. Et le vieux carillon a recommencé.

D'abord, cela va de soi, l'air connu sur l'immoralité des doctrines, avec paroles de Pascal. L'effet n'en a pas été, cependant, ce qu'on attendait. Le goût n'y est plus. Puis, depuis cinquante ans, ces maîtres corrupteurs enseignent la jeunesse : on les voit, on voit leurs élèves. Voilà bien des corrompus ! Car si la doctrine est immorale, elle pervertit sans doute les écoliers. C'est ce que l'on entend. Ces corrompus sont partout, dans les carrières publiques et dans la vie privée. Qui oserait les flétrir ? Il en est sur le banc des ministres. Qu'ils se lèvent, et qu'ils disent ce qu'ils

(1) Paul Thureau-Dangin, *Histoire de la monarchie de Juillet*, t. V, 500.

savent ! Nul ne parlera. Le terrain est mauvais, on ne s'y avancera pas.

*
* *

Mais on tournera la position qui, de front, paraît trop forte. Ce n'est point de corruption ni d'immoralité qu'on vous accuse ! diront les sonneurs de cloches : vos Jésuites *dévirilisent* la jeunesse, et nous ne le voulons plus permettre.

Déviriliser, qu'est-ce que cela ? J'ai appris que, chez les Jésuites, on fait de l'exercice physique une institution, et que certains jeux de ballon, d'échasses ou de boucliers, développent assez bien l'effort musculaire : quand on découvrit, en France, la supériorité des Anglo-Saxons, à cette heure moins vantée, et que la frénésie des sports athlétiques s'empara de l'Université, il y avait longtemps qu'on jouait, en français, chez les Jésuites, sans se croire des athlètes. On dit que l'Université se plaint qu'en ses lycées les élèves répugnent au jeu et lui préfèrent la causerie péripatéticienne. Est-ce marque de virilité ? Non, dit-on, vous n'entendez pas encore : c'est de la virilité morale que nous parlons. Nous voulons qu'on nous fasse des hommes.

Cela est bien, et, je vous prie, à quelle marque les connaîtrez-vous? Le tableau d'honneur, dont j'ai parlé dans ma première lettre, qui, dans l'école Sainte-Geneviève, montre les noms, gravés sur le marbre, des anciens élèves tués à l'ennemi, en porte 144, depuis la guerre du Mexique jusqu'aux campagnes actuelles du Tonkin, de Madagascar et du Soudan : sur le nombre, il y en a 85 pour la guerre de 1870, 29 pour celle du Tonkin. C'est un chiffre. Ces jeunes gens manquaient-ils de virilité, ou pensez-vous que ce n'est point marquer quelque virilité morale de se faire, à l'occasion, tuer proprement pour l'honneur du drapeau? J'ose vous assurer du contraire. Vos enfants n'en ont pas le monopole, me dit-on; assurément, et pourquoi y prétendre pour les vôtres? Le marquis de Morès était de ces dévirilisés sur qui on condamne les Jésuites; je veux qu'on dispute sur ses idées et sur l'emploi de son énergie : mais sa vie, j'imagine, fut d'un homme et sa mort d'un héros.

Le carillon m'interrompt encore ; ce n'est point l'affaire et vous ne nous entendez pas. On sait que ces garçons sont braves, comme ils sont d'honnêtes gens. Ce n'est point cela : cette dévirilisation dont ils souffrent vient d'une certaine déformation de l'intelligence, qui les empêche d'être des esprits libres.

Mais qu'est-ce qu'un esprit libre ? Depuis qu'on en parle, je me le suis demandé souvent. La pétition contre les Jésuites en suggère une définition : elle les accuse de « s'attaquer aux esprits libres qu'ils désignent sous le nom général de francs-maçons ». M. Yves Guyot et M. E. Duclaux se sont évidemment trompés ; ni les Jésuites ni leurs amis n'appellent les francs-maçons des esprits libres ; ils les savent, au contraire, enchaînés par des engagements et des préjugés très nuisibles à la liberté de l'esprit. M. Jules Lemaître paraît de cet avis : il le dit assez haut. N'est-ce point un esprit libre ?

Je regarde autour de moi et je cherche à quoi se connaît la liberté de l'esprit. Est-ce à l'indépendance politique, au mépris de l'argent, au dédain du pouvoir ? Je ne vois point que l'exemple de ces vertus nous vienne, spécialement, des anciens élèves de l'Université.

Est-ce donc une question de croyance et faut-il qu'on soit protestant ou israélite pour être libre d'esprit? Mais cette liberté rencontre chez eux, comme chez les catholiques, des barrières auxquelles il faut bien qu'ils la soumettent, à moins de n'être plus ni l'un ni l'autre. Est-ce alors qu'il faut absolument être incrédule? On cite, cependant, dans l'histoire, quelques catholiques dont l'esprit ne semble point avoir été, outre mesure, entravé dans son essor, par les exigences de la foi, tels Descartes et aussi Pascal, le vrai Descartes et le vrai Pascal, comme dit M. Aulard, sans parler de Corneille et de Bossuet, tous deux, comme vous savez, élèves des Jésuites.

M. Thiers disait un jour, à la tribune : « Le catholicisme n'empêche de penser que ceux qui n'étaient pas faits pour penser. » Dix-huit siècles de gloire conquise par l'Église dans toutes les sphères où se meut le génie des hommes, sont là pour l'attester.

Encore un coup, de quoi s'agit-il? Qu'est-ce que cette déformation intellectuelle dont les

Jésuites font souffrir leurs élèves et qui ne se remarque point dans ceux de l'Université?

*
* *

M. Aulard en a constaté les effets à l'examen du baccalauréat : il l'a dit dans sa célèbre conférence et l'a répété devant la commission de l'enseignement. « L'appel au bon sens, dit-il, réconforte le lycéen, désarçonne le congréganiste. » Quand M. Aulard pose au candidat, pour le rassurer, une question de bon sens, « si c'est un lycéen, les trois quarts du temps, il se rassure, reprend son aplomb et se tire d'affaire; si c'est un élève des Jésuites, les trois quarts du temps, il se trouble davantage, rougit et reste muet ». M. Aulard s'étonne! moi je comprends à merveille : il est l'ami des lycéens, l'ennemi des congréganistes, l'un se sent rassuré, l'autre se sent troublé. Question de bon sens, en effet!

L'élève du lycée, ainsi rassuré, marque aussitôt sa supériorité : interrogé sur les classiques, il explique pourquoi « le Cid l'a intéressé, et Athalie l'a ennuyé ».

J'ignore en quoi c'est une marque de bon sens de trouver Athalie ennuyeuse. J'ose avouer à M. Aulard, au risque de passer pour un esprit déformé, que j'éprouve à la lire du plaisir, et même davantage. Comme il serait trop long de lui dire ici pourquoi, j'aime mieux le renvoyer à l'*Histoire de la littérature française au XVIIe siècle,* du R. P. Longhaye, Jésuite, ouvrage couronné par l'Académie française, où il y a, sur le sujet d'Athalie, sept pages d'une belle et très forte analyse; il y apprendra du même coup que les Jésuites ne se bornent point à farcir les esprits de jugements tout faits, sans en donner de solides raisons.

M. Jules Lemaître, qui est un esprit libre, quoique ennemi des francs-maçons, disait l'an dernier, à Port-Royal, où l'on célébrait le second centenaire de Racine : « *Esther* et *Athalie*, œuvres virginales et pareilles à deux lys, l'un frêle et fier, l'autre fort et magnifique. » Le lycéen de M. Aulard est bien dégoûté !

Il est vrai qu'il y a un certain Joad qu'Athalie apostrophe assez rudement :

Te voilà, séducteur,
De ligues, de complots pernicieux auteur,

Qui dans le trouble seul a mis tes espérances,
Éternel ennemi des suprêmes puissances !

Des ligues ! des complots ! c'est un Jésuite, et voilà pourquoi, peut-être, le lycéen de M. Aulard a cru lui faire plaisir en disant qu'il n'aimait pas *Athalie,* bien qu'on nous assure que jamais un élève de lycée ne songe à plaire à son examinateur.

N'allez pas croire au moins, là-dessus, que *le Cid* ne nous intéresse point ! Plus que cela, j'ose le dire, et nous goûtons aussi *Polyeucte,* avec lequel, après s'être délecté de la raison de son lycéen, M. Aulard a démontré la déformation d'esprit d'un pauvre congréganiste.

C'était le même, sans doute, qui lui fit malencontreusement l'éloge de Marat, ne sachant pas qu'en voulant, pour l'amour du diplôme, flatter ses goûts, il allait donner, de la morale relâchée de ses maîtres, une preuve si convaincante ! Sur *Polyeucte,* ce fut bien pis. Le pauvre enfant n'était pas en veine, et voilà que, craignant cette fois d'en trop dire, il se mit à débiter les notes de son manuel, avec une naïveté dont son juge nous fit ensuite, à la commission, le divertissant récit. « Et voilà, s'écrie M. Aulard, voilà dans quels livres on apprend la littérature chez les Jésuites! » Eh! non, monsieur, l'auteur du *Manuel* vous l'a répondu très justement : ce *Manuel* est comme tous les manuels, il n'a pas la prétention de dispenser qu'on lise les textes!

*
* *

J'ai ici, sur ma table, le *Mémento du baccalauréat de l'enseignement secondaire, rédigé, conformément aux programmes de 1891* (*Enseignement classique. Première partie. Littérature*), par M. Albert Le Roy, ancien professeur de rhétorique au lycée de Versailles, dont la rédaction a été mise au courant des nouveaux programmes, dit une note en tête du volume, par un agrégé de l'Université. Je l'ouvre au chapitre de Corneille et je lis :

Polyeucte (*1640*). — Suit l'indication des personnages, puis : dix lignes pour exposer le sujet, six pour définir les caractères de Pauline, de Sévère et de Félix, dix pour énumérer les scènes principales, et enfin, *deux* (*sic*) vers de la tragédie :

PAULINE

Où le conduisez-vous?

FÉLIX

A la mort.

POLYEUCTE

A la gloire.

Après quoi, l'auteur renvoie à l'édition de *Polyeucte* de M. Petit de Julleville.

Est-ce que là-dessus je vais avoir le droit de dire : l'Université déforme l'esprit de ses élèves, en les bourrant de notes toutes faites pour les empêcher de raisonner, au lieu de leur laisser lire les textes eux-mêmes? Je ne me le permettrais pas. De quel droit se le permet-on pour les congréganistes ? Un manuel en vaut un autre.

Et s'il y en a, à qui la faute ? Aux programmes surchargés que les Jésuites ne font pas, ni les autres religieux, mais qu'ils subissent, en s'en plaignant, et à l'obligation qui en résulte de remplir la mémoire au lieu de former l'intelligence.

Au reste, ce n'est pas tant comme manuel que M. Aulard en veut au livre du Jésuite : c'est qu'il y a vu, sur Corneille, un mot qui est une révélation : « morale trop païenne ! » Voilà pourquoi les Jésuites n'aiment pas Corneille. M. Jules Lemaître, en ce discours que j'ai cité, a bien appelé Corneille un « orgueilleux païen ! » mais qui sait si M. Jules Lemaître ne s'est pas fait Jésuite ?

Par cet épisode de l'examen du congréganiste, nous voici donc revenus au fond du sujet, je veux dire à l'esprit de l'enseignement. C'est la vraie question.

⁂

Car, de reprocher aux Jésuites leurs méthodes d'instruction, nul ne s'en avise plus guère. En 1840, M. Cousin adressait aux recteurs des académies une circulaire exposant le nouveau plan d'études des lycées et collèges royaux ; c'était exactement celui que, deux ans auparavant, avaient formulé les Jésuites de Brugelette, le grand collège français qu'ils avaient fondé en Belgique, après les ordonnances de 1828.

Plus tard, quand M. Fortoul inventa la bifurcation, les Jésuites, en repoussant cette innovation, bientôt regrettée, soutinrent, contre ses désastreux effets, le niveau des études ; si on demande à quoi sert la concurrence et quels fruits a portés la loi de 1850, en voilà un qui n'est pas tant à dédaigner ! Qui sait si, dans quelques années, on ne rendra pas grâces à l'enseignement libre d'avoir sauvé les études classiques et la philosophie, en résistant au flot montant de l'enseignement moderne et de l'instruction utilitaire ? Sans doute, la liberté n'a pas donné, pour le choix des méthodes, tout ce qu'on en pouvait attendre ; comment l'aurait-elle pu, emprisonnée qu'elle est dans le réseau des programmes officiels et des diplômes obligatoires ?

L'argument qu'on voudrait tirer de cette prétendue stérilité ne tient pas plus que celui de l'internat qu'on reproche aux Jésuites d'avoir introduit dans l'éducation. En 1626, le collège de Clermont, auquel Louis XIV donna son nom, et où, pendant trente ans, professa le P. Porée, le maître aimé de Voltaire, comptait 1,827 élèves : plus tard, il en eut jusqu'à 2,200, parmi lesquels 400 pensionnaires. Le collège de Rouen avait 1,958 élèves, celui de La Flèche 1,350, celui de Rennes, 1,488 : la grande majorité étaient des externes. Vers le même temps, la province était couverte de petits externats dirigés par les Jésuites, comme celui de Mauriac dont Marmontel, en ses Mémoires, a montré le régime pris sur le vif.

L'internat n'est pas venu des Jésuites, mais des mœurs, des obligations de la vie sociale. Encore ont-ils réagi, tant qu'ils ont pu. A Vannes, dès la fondation du collège, en 1851, il y eut des externes, dont le nombre alla toujours croissant, jusqu'à être de 225, au moment des décrets de 1880. C'est un assez beau chiffre, pour une petite ville. On pourrait multiplier les exemples semblables. La querelle de l'internat ne vaut pas plus que celle des méthodes.

Celle des livres d'étude ne vaut pas davantage. Le P. Loriquet, qui fut si longtemps le dernier cri de la guerre aux Jésuites, n'est plus à la mode. M. Aulard a bien voulu reconnaître que son marquis de Buonaparte, lieutenant général des armées de Sa Majesté Louis XVIII, était une légende. Malgré les démentis, les preuves matérielles, le livre lui-même apporté par Montalembert à la tribune, la légende a tenu bon pendant trente ans et plus. C'est fini : tant mieux pour tout le monde ! Mais M. Aulard s'est bien vite rattrapé : « Le P. Loriquet préside toujours à l'enseignement historique des élèves congréganistes : ce n'est pas une façon de parler : son livre a été réimprimé de nos jours et sous plusieurs formes. C'est, par exemple, l'*Histoire de France*. A. M. D. G. depuis les temps les plus reculés jusqu'à nos jours, revue, corrigée et complétée par le R. P. Gazeau, de la Compagnie de Jésus. Paris, 1868, 2 vol. in-18. »

M. Aulard n'est pas au courant. Dans les classes de philosophie et de rhétorique, les Jésuites ont un seul ouvrage d'histoire spécial, le *Précis d'histoire moderne et contemporaine* du P. Prampain, très connu et très apprécié de plusieurs membres de l'Université. Hors de là, ils mettent entre les mains des élèves beaucoup d'autres ouvrages, comme ceux de MM. Bernard et Piolet, Hubault, etc., qui sont des universitaires. Pour l'enseignement de la littérature, c'est la même chose. Les élèves ont à leur disposition, par exemple, l'*Histoire de la*

Littérature française de M. Doumic, l'*Histoire de la Littérature latine* de MM. Jeanroy et A. Puech, l'*Histoire de la Littérature grecque* de M. Max Egger, tous également de l'Université.

Voilà la bibliothèque scolaire des Jésuites et avec quels livres les congréganistes déforment l'esprit de leurs élèves.

Cela n'empêche pas M. Aulard de dire que le P. Loriquet, réimprimé sous plusieurs formes, préside toujours à l'éducation de leurs élèves, et d'ajouter : « Lisez cela, si vous voulez avoir par vous-mêmes une idée de la manière dont les Jésuites frelatent l'histoire. »

Or, comme il faut conclure, quelle est, là-dessus, l'accusation capitale et qui ne s'adresse plus seulement aux Jésuites, mais à tous les instituteurs congréganistes ? C'est d'être acharnés contre l'esprit républicain ! Nous y voilà revenus. Mais la preuve de cet acharnement, la voici : les ouvrages qu'étudient les élèves congréganistes ne donnent pas le texte de la Déclaration des droits de l'homme. Or chacun sait que la Déclaration des droits est l'alpha et l'oméga de la science historique, la pierre de touche du bon citoyen.

J'ai donc ouvert le *Précis d'histoire contemporaine* du R. P. Prampain, édition de 1898, le seul ouvrage spécial, ai-je dit, qui soit en usage dans les classes supérieures des collèges de Jésuites.

J'y ai lu ceci :

« Les principes politiques et sociaux sur lesquels reposait la Constitution de 1791 — principes communément appelés *Principes de 89* — étaient contenus dans les 17 articles de la *Déclaration des droits de l'homme et du citoyen*, inscrite en tête de la Constitution.

« Cette déclaration, empruntée en grande partie à la Déclaration des droits américaine, à l'*Esprit des Lois* de Montesquieu et au *Contrat social* de Rousseau, peut se résumer ainsi :

« SOUVERAINETÉ NATIONALE. *Souveraineté de la nation qui délègue son autorité à ses mandataires* (Art. 3). — *Séparation des pouvoirs* (Art. 16). — *Concours direct ou indirect de tous les citoyens à la formation de la loi* (Art. 6). —

Vote et contrôle de l'impôt ou contribution publique (Art. 14). — *Responsabilité des agents publics devant la société* (Art. 15).

« LIBERTÉ. *Liberté individuelle* (Art. 1, 7 et 8). — *Liberté de conscience* (Art. 10). — *Liberté de la parole et de la presse* (Art. 10). — *Inviolabilité de la propriété* (Art. 1 et 17).

« ÉGALITÉ. *Égalité des citoyens devant la loi* (Art. 1 et 6). — *Égalité devant l'impôt* (Art. 13). — *Admissibilité de tous les citoyens à toutes dignités, places et emplois publics, selon leur capacité, leurs vertus et leurs talents* (Art. 6).

Et en note :

« A côté de vérités incontestables, les législateurs émettaient des propositions trop absolues, trop abstraites, ou susceptibles de diverses interprétations. Sans paraître tenir compte de Dieu, source de toute loi, ils prenaient l'homme pour point de départ, insistaient beaucoup sur ses droits et pas assez sur ses devoirs. »

Voilà le crime avoué. Je livre sans hésitation et sans crainte cette analyse et cette courte critique de la Déclaration des droits au jugement de mes adversaires, et j'accepte là-dessus la discussion. Le texte entier de la Déclaration n'y est pas, cela est vrai. Mais je vous dois, sur ce point, Monsieur le Président, une confidence et un renseignement.

L'autre jour, vous écrivant ma première Lettre et voulant vous rappeler l'article VI de la Déclaration des droits, que j'avoue ne pas savoir par cœur, j'ai ouvert le premier manuel d'histoire que j'avais à ma portée : c'était *La nouvelle deuxième année d'Histoire de France,* de M. Ernest Lavisse. La Déclaration n'y est même pas nommée. Je cherchai ailleurs. J'avais là encore le *Manuel du baccalauréat de l'enseignement secondaire, Histoire,* par M. H. Hauser, ancien élève de l'École normale, agrégé d'histoire, etc. J'y lus ceci : La constitution que la Constituante avait élaborée « débute par une *Déclaration des droits,* non pas du peuple française mais *de l'homme et du citoyen,* déclaration toute abstraite et de portée universelle. Elle proclame l'inviolabilité de ces droits : la liberté, la propriété, l'égalité, etc. » Quatre lignes qui ressemblent à une critique, et de texte, point.

Je continuai mes recherches. Dans l'*Histoire*

de France, de C. Dareste, recteur de l'Académie de Lyon et correspondant de l'Institut, si complète cependant, point de texte. J'avisai dans ma bibliothèque l'*Histoire contemporaine de 1789 à nos jours*, par E. Maréchal, professeur d'histoire. Elle contient bien le texte approximatif de la Déclaration, mais il est incomplet ; en particulier il y manque les articles XIII et XIV relatifs à l'égalité des citoyens devant l'impôt et à son consentement par les représentants de la nation, ainsi que les articles XVI et XVII relatifs à la séparation des pouvoirs et aux droit de propriété !

Enfin je mis la main sur l'*Histoire contemporaine de 1789 à nos jours*, par Désiré Blanchet, ancien élève de l'École normale, ancien professeur agrégé d'histoire, proviseur au lycée Condorcet, édition de 1899. Ah ! cette fois, me dis-je, j'ai mon affaire, et, en effet, j'aperçus bien le texte, par articles, de la Déclaration. Mais l'article XII y manque, et le chiffre XII est en face du suivant, le treizième. Or, cet article XII est justement celui qui dit que la force publique, garantie des droits de l'homme et du citoyen, « est instituée pour l'avantage de tous, et non pour l'utilité particulière de ceux auxquels elle est confiée ». Vous pensez quelle douce gaieté! L'erreur est involontaire, j'en suis sûr; mais s'il s'agissait d'un Jésuite! Voyez-vous la clameur sur cette suppression de l'article où sont condamnés les coups d'État militaires! Justement, M. Aulard avait cité dans sa conférence le *Cours d'histoire contemporaine* de M. Girard, approuvé par Mgr Turinaz, où manque la moitié de cet article XII; sur quoi le conférencier, dénonçant le « texte falsifié », et l'intention évidente d'omettre le principe de l'armée nationale, s'était écrié : « Voilà la pédagogie congréganiste! »

Bref, après tant de recherches infructueuses, savez-vous où j'ai trouvé le texte sacré? Dans l'*Histoire de la Révolution française*, de l'excellent M. Poujoulat, et dans l'*Histoire contemporaine*, de M. l'abbé Melin. Poujoulat et un abbé! Tels furent les derniers refuges de mon civisme aux abois. Observez en passant, je vous prie, que cette *Histoire* de M. l'abbé Melin est justement en usage dans tous les collèges congréganistes.

*
* *

Le Père Prampain est vengé pour son texte. Quant à sa critique, quoi qu'en puisse penser M. Aulard, je me permets de la trouver très légitime et très mesurée. Des écrivains, non suspects d'esprit réactionnaire, et qui ne sont pas des moindres, en ont dit bien d'autres! De fait, c'est le droit de l'historien, c'est le devoir du maître, d'en agir ainsi, à moins qu'on ne prétende lui interdire toute appréciation des faits. C'est alors que sa leçon ne serait plus qu'un exercice mécanique et que ses élèves deviendraient des automates, incapables de réflexion et de raisonnement, ainsi que M. Aulard en accuse ceux des Jésuites.

Vous le voyez, le débat, à tout instant, renaît sous nos pas. Ce n'est pas l'enseignement qu'on poursuit, c'est son esprit. Ce n'est pas la science qu'on s'occupe de constater, c'est la doctrine. Ce n'est pas le raisonnement qu'on veut défendre, c'est une formation spéciale de l'esprit qu'on veut imposer ; moins que cela : une conception sociale, une opinion politique.

Les Jésuites, les *Provinciales* ne sont qu'un prétexte, le prétexte accoutumé. Sous leur nom, agité comme un épouvantail, c'est la liberté même de l'enseignement qu'on attaque, pour lui substituer l'obligation de la doctrine d'État.

L'exemple particulier et la discussion de détail nous ont ramenés, par la force même des faits et des situations, à la question fondamentale. Je l'ai traitée longuement ailleurs. Je n'y reviendrai pas ici.

J'en ai fini avec votre projet sur le stage scolaire, non que l'examen en soit épuisé, mais parce qu'il faut se borner. Pour le discuter dans son ensemble, j'aurais maintenant à en aborder l'article 3, qui exclut du stage scolaire les établissements où enseignent les membres des congrégations condamnées par votre projet sur le droit d'association.

J'ai déjà montré en quelques mots, au cours de mes lettres précédentes, l'iniquité de ce projet, l'outrage qu'il inflige aux principes les plus évidents de la liberté des consciences et du droit moderne. Son examen fera l'objet d'une discussion ultérieure.

J'en ai dit assez, dès à présent, je pense, pour faire nettement apparaître, ainsi que je l'annonçais dans ma première lettre, la déclaration de guerre adressée à l'Église catholique par le parti jacobin, sous la forme de vos propositions.

Je dédie à ceux qui voudraient encore s'y tromper les derniers mots de la lettre célèbre que Voltaire écrivait à d'Alembert, le 4 mai 1762 :

« Pour moi qui vois tout en ce moment couleur de rose, je vois d'ici les jansénistes mourant l'année prochaine de leur belle mort, après avoir fait périr cette année-ci les Jésuites de mort violente, la tolérance s'établir, les protestants rappelés, les prêtres mariés, la confession abolie et l'infâme écrasée sans qu'on s'en aperçoive. »

Voltaire écrivait il y a cent trente-huit ans ! L'Église est toujours vivante, et les Jésuites en sont encore la glorieuse avant-garde.

Puisse cette leçon de l'histoire avertir leurs ennemis et éclairer ceux qui croient encore qu'on n'en veut pas à l'Église, en attaquant les religieux !

Je ne sais, ignorant que je suis de la tactique des partis, si M. Léon Bourgeois, l'autre jour, au punch du Palais-Royal, a parlé en ami ou en ennemi du cabinet, et si c'est votre politique ou celle d'un successeur éventuel qu'il a résumée dans cette formule nouvelle de l'anticléricalisme : la guerre aux congrégations sous le regard bienveillant des évêques et du clergé séculier; conception inattendue dans le parti radical, et qui révèle d'étranges illusions!

Peu m'importe, en vérité.

Des deux côtés, c'est la guerre, guerre à la religion et guerre à la liberté. Une fois de plus, l'honneur nous vient, offert par la passion de nos adversaires, de confondre, en une commune défense, ces deux causes immortelles.

Le 11 janvier dernier, M. le président de la Chambre, dans un magnifique langage, rappelait aux représentants du pays comment tombèrent, tour à tour, dans l'irrémédiable décadence les républiques de la Grèce, l'empire de Rome et la nation polonaise.

Comme M. Paul Deschanel, animé d'une invincible confiance dans les destins de ma patrie, je repousse loin de moi ces néfastes images.

Mais je sais que d'autres empires, distraits des périls du dehors par le vain acharnement des querelles religieuses, furent durement châtiés de cet aveuglement, et je veux, à tout prix, que la France détourne d'elle un danger si redoutable.

Des sujets plus graves que la dispersion de quelques moines commandent peut-être, au moment où j'écris, l'attention de ceux à qui la fortune a commis le soin de défendre nos intérêts et de garder notre honneur.

« Quant à nous, malheureuse et drôle de nation, disait Voltaire dans la lettre à d'Alembert que j'ai déjà citée, les Anglais nous font jouer la tragédie au dehors, et les Jésuites, la comédie au dedans. L'évacuation du collège de Clermont nous occupe beaucoup plus que celle de la Martinique. »

Ces mots, Monsieur le Président du Conseil, éveillent dans nos âmes un douloureux écho. Ne l'entendez-vous point?

Une grande tragédie se joue dans le monde, sous les yeux de l'Europe attentive et muette. Pensez-vous que ce soit l'heure de jeter, en notre pays, une clameur de discorde!

C'est à vous de le décider, dans votre responsabilité. Pour nous, nous vous attendons. Là-bas, dans l'Afrique australe, un petit peuple de croyants tient en échec un puissant empire par son courage, la précision de ses armes, la solidité de ses retranchements et, aussi, par le secret assentiment de toutes les nations : et déjà, sous le vêtement du colosse, on aperçoit ses pieds d'argile. Considérez cet exemple, Monsieur le Président du Conseil.

Nous sommes ce petit peuple. Comme lui, nous combattons pour notre indépendance : le courage ne nous manquera pas, nous tâcherons de tirer juste, abrités derrière l'inexpugnable rempart du droit, de la justice et de la foi, et nous serons soutenus, nous aussi, par le secret encouragement de tous les cœurs généreux.

Vous êtes fort, votre majorité paraît puissante. Mais vous avez des pieds d'argile. Quand on les frappera, vous tomberez tout d'un coup.

En attendant, je vous prie, Monsieur le Président du Conseil, d'agréer l'assurance de ma considération la plus haute et la plus distinguée.

A. DE MUN.

P.-S. — Cette lettre était finie, quand la commission de l'enseignement a repoussé votre projet sur le stage scolaire par 14 voix contre 9. On commence à toucher les pieds d'argile.

TABLE DES MATIÈRES

PREMIÈRE LETTRE

DEUXIÈME LETTRE.

TROISIÈME LETTRE.

QUATRIÈME LETTRE.

PARIS
TYPOGRAPHIE PLON-NOURRIT ET Cie
8, rue Garancière

www.ingramcontent.com/pod-product-compliance
Ingram Content Group UK Ltd.
Pitfield, Milton Keynes, MK11 3LW, UK
UKHW020129220726
13923UKWH00001B/71